重构新现代课程

中国国际学校
创新实践年度报告（2019）

Reconstructing
Neo-Modern
Curriculum

上海教育出版社
SHANGHAI EDUCATIONAL
PUBLISHING HOUSE

图书在版编目（CIP）数据

重构新现代课程：中国国际学校创新实践年度报告.2019 / 滕珺著.
— 上海：上海教育出版社，2020.8
ISBN 978-7-5720-0250-2

Ⅰ. ①重… Ⅱ. ①滕… Ⅲ. ①国际教育－研究报告－中国－2019
Ⅳ. ①G52

中国版本图书馆CIP数据核字(2020)第138411号

策　　划　董　洪
责任编辑　李　莉
书籍设计　陆　弦

重构新现代课程——中国国际学校创新实践年度报告（2019）
滕　珺　著

出版发行　上海教育出版社有限公司
官　　网　www.seph.com.cn
地　　址　上海市永福路123号
邮　　编　200031
印　　刷　上海展强印刷有限公司
开　　本　965×635　1/16　印张 11.5
字　　数　139 千字
版　　次　2020年10月第1版
印　　次　2020年10月第1次印刷
书　　号　ISBN 978-7-5720-0250-2/G·0193
定　　价　39.00 元

如发现质量问题，读者可向本社调换　电话：021-64377165

总 负 责： 滕　珺

项目成员： 马健生　高益民　杨明全　丁瑞常
吴　越　安　瀛

撰写团队： 石　佩　安　娜　王杨楠　杨雅晴
吴诗琪　付嫣然　白　鸽　王粤龙
王帅鸣　黄莹莹　刘云华　胡逍航
李士萌

特别感谢北京新学说文化传媒有限公司为本次调研提供强有力的数据支持，感谢所有支持调查、接受访谈的学校和个人，感谢大家充分的信任和积极的分享！参与问卷调查与实地访谈的学校名单详见附录。

摘 要

中国的国际教育在改革开放这一大背景下产生，并随着改革开放的深入而不断发展。改革开放已进入系统化的发展阶段，中国国际教育的发展也进入转型期，国际学校的建设和发展面临诸多挑战。课程是一所学校的核心产品，国际学校要想从外延式发展向内涵式发展转变，关键就在于学校的课程建设。本研究致力于重构新现代课程，综合运用问卷法、访谈法和实地观察的方法，深入了解国内不同国际学校课程建设的情况，收集到丰富且全面的数据，就课程建设的六个要素进行深入分析，最终得出研究结果。

新时期中国的国际教育发展面临不同层面的挑战：第一，从国家层面而言，教育主权是国家主权必不可少的一部分；第二，从家长层面来看，国际教育的消费群体变化对国际学校的办学质量提出更高要求；第三，从生源构成来看，中国的国际学校生源由外籍人员子女转向中国学生；第四，国际教育行业从业者在借鉴他国国际课程体系的实践过程中，存在诸多难以理解的文化隔阂。面对挑战，一些国际学校开始自觉地进行一些探索性的尝试，尽管在过程中遇到了诸多困难，却迈出了改革创新的一步。本研究从课程六要素的角度对国际学校的课程建设经验进行了全面梳理，具有一定的借鉴价值和意义。

研究指出，现代化是中国国际教育的本质，坚持教育现代化是中国国际教育未来发展的根本方向。为此，本研究致力于重构新现代课程，以培养“能够在现代世界自由行走的中国人”为课程目标，运用集体的由内而外、自下而上的文化自觉，探索以现代教育为理论依据和方向指引的理论体系和实践，建构中国自己的国际教育话语体系和国际课程体系。

Foreword

序

教育是民生之首，改革开放四十多年来，人民日益增长的美好生活需要越来越多地表现在对教育的关切和投入上。特别是随着中国与世界的逐步融合，国际教育已经成为越来越多家长的刚需。从1969年开设的巴基斯坦使馆学校，到1973年成立的北京芳草地国际学校，再到后来越来越多的公办学校开设了国际部，越来越多的民办教育也选择了国际教育的发展特色，中国国际学校的内涵不断丰富，同时也见证了中国与世界的关系。在过去几十年的发展过程中，中国的国际学校从外语特色，到逐步引用借鉴国外教材，到积极争取国际认证，再到主动创造中西融合的课程体系和学校文化，逐步走出了自己的发展道路。如今，中国与世界的关系处在重要的历史转折点，中国的国际学校需要进一步思考如何通过教育促进民心相通，真正助力中国与世界的深度融合。

我认同作者在书中提出的观点，中国的“国际教育”与西方国家有着不同的历史背景和文化基因，其本质是追求现代教育，即用现代的教育理念、现代的教育内容、现代的教育手段培养具有现代精神的中国人。因此，就这个意义而言，中国的国际学校绝不是服务于一小部分精英阶层的贵族学校，而是承载着中国教育现代化先行者的历史使命。但同时，我还想特别强调，中国的国际学校需要在加强祖国情怀的同时，进一步加强少年儿童的全球意识，特别是热爱和平、构建人类命运共同体的意识。这在当下这个特殊的历史时期尤为重要。联合国教科文组织2015年发布的《反思教育：向“全球共同利益”的理念转变?》提出，教育应该以人文主义为基础，以尊重生命和人类尊严、权利平等、社会正义、文化多样性、国际团结和为可持续的未来承担共同责任。习近平主席2014年3月27日在联合国教科文组织总部演讲时也说:“文明因交流而多彩，文明因互鉴而丰富。文明交流互鉴是推动人类文明进步和世界和平发展的重要动力。”因此，作为教育工作者，我们要在下一代青少年心中种下和平的种子，教会他们尊重不同国家和不同民族的价值观，尊重各民族的文化传统，尊重他们所选择的社会制度和切身利益，同时为全球问题主动地积极地采取负责任的行动。

滕珺教授带领的团队深入中国国际学校一线，采集了大量一手资料，真实地反映了国际学校在实践过程中遇到的挑战、存在的问题和难能可贵的创新经验。今年的报告聚焦“课程建设”这一主题，这很必要。此后研究团队还将围绕着“学校治理”“校长领导力”“教师专业发展”“学生发展”“家校合作”等关乎学校品质的系列主题逐年开展调查研究。预祝他们取得更为丰硕的研究成果。

是为序!

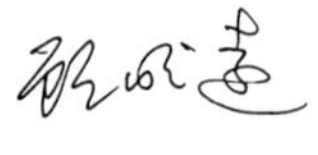

于北京求是书屋

二零二零年九月一日

Contents

目　录

一、绪论

（一）课程建设与国际学校的未来发展

1. 改革开放不断深化是中国国际学校发展的时代背景

1978年12月，十一届三中全会召开，开启了中国改革开放和社会主义现代化的伟大征程。40多年来，中国从一个贫穷落后的国家一跃变为世界第二大经济体，在经济、政治、文化、社会等各方面取得辉煌成就，被外媒赞誉为“人类发展史上最激动人心的奇迹”。[1]中国教育是这个奇迹的重要组成部分，也是创造这个奇迹的重要动力。[2]回顾40多年的实践，坚持对外开放是中国大踏步赶上时代的重要法宝，也是中国教育快速发展壮大和走向世界的必由之路。

1983年10月1日，邓小平为北京景山学校题词：“教育要面向现代化，面向世界，面向未来。”这给当时的教育界指明了改革、发展的方向和总的指导方针。[3]在“三个面向”的思想指引下，我国各级各类教育树立了着眼长远、立足国情、放眼国际的大教育观。[4]此后，我国教育的对外开放水平随着政府对教育国际化重视程度的加大而不

---

[1] 伯恩哈德·埃克.人类发展史上最激动人心的奇迹［N］.参考消息，2018-01-01（14）.

[2] 袁振国.教育现代化的中国之路［J］.中国教育学刊，2018（6）：3.

[3] 顾明远.顾明远文集（第一卷）［C］.北京：北京师范大学出版社，2018：300.

[4] 周满生.坚持改革开放　推动基础教育的国际交流与合作［J］.世界教育信息，2018，31（24）：14.

断提升。1993年，国务院颁布《中国教育改革和发展纲要》，提出要进一步扩大教育的对外开放，加强教育交流与合作。[1]1995年颁布的《中华人民共和国教育法》以法律条文的形式对“教育对外交流与合作”作出了规定，并提出国家鼓励开展教育对外交流与合作。[2]1999年，《中共中央国务院关于深化教育改革，全面推进素质教育的决定》指出，全面推进素质教育，教育要面向现代化、面向世界、面向未来。此后，中国持续推进改革开放，教育的国际交流与合作也不断深化。2010年，国务院颁布《国家中长期教育改革和发展规划纲要（2010—2020年）》，明确提出教育要适应国家经济社会对外开放的要求，培养大批具有国际视野、通晓国际规则、能够参与国际事务和国际竞争的国际化人才。[3]2012年我国发布的《国家教育事业发展第十二个五年规划》提出：“坚持以开放促改革，促发展，提高我国教育的国际化水平。”[4]2016年，中共中央办公厅、国务院办公厅印发《关于做好新时期教育对外开放工作的若干意见》，指出“坚持扩大开放，做好中国教育”。2019年，我国发布《中国教育现代化2035》，提出“开创教育对外开放新格局”。

在改革开放不断深化的大背景下，中国经济的发展经历了巨变，目前的中国社会已经进入改革开放的4.0版。[5]改革开放从初期的“引进来”到与世界接轨，再到“走出去”，这些都是中国为了紧跟世界

[1] 中国教育改革和发展纲要（中共中央、国务院1993年2月13日印发）[J]. 上海成人教育，1994（9）：35-40.

[2] 中华人民共和国教育法1995年3月18日第八届全国人民代表大会第三次会议通过［J］. 基础教育研究，1996（S1）：2-8.

[3] 教育部. 国家中长期教育改革和发展规划纲要（2010—2020年）[EB/OL].（2010-7-29）[2019-9-13]. http://old.moe.gov.cn/publicfiles/business/htmlfiles/moe/info_list/201407/xxgk_171904.html.

[4] 中华人民共和国教育部. 国家教育事业发展第十二个五年规划［Z］. 北京：中华人民共和国教育部，2012.

[5] 郑永年. 中国开放政策4.0版［N］. 联合早报，2019-03-12.

发展的潮流，在不同时期做出的政策调整。党的十八大以来，中国开放政策的4.0版开始形成。4.0版兼具“引进来”和“走出去”两个要素，是两者的系统化和有机结合。中国教育的国际化也紧跟改革开放的步伐进入4.0版。

2. 国际学校数量激增，市场竞争日益激烈

中国最早的国际学校主要是为外交官、国际公务员和跨国公司雇员等外籍人员的子女提供教育。20世纪八九十年代，中国国际学校的数量非常有限，主要由各个使领馆负责，招收的学生也主要限于使领馆子女。因此，当时的国际学校也被称作“教育的大使馆”。随着中国国门打开，各行各业都在推出各种“海外引智计划”。与此同时，中国国际影响力的提升也让越来越多的外籍人士选择在中国安居落户。开办国际学校解决外籍人士子女上学问题既是教育市场的需求，也是引进境外人才必需的配套政策。

除了专门面向国际人士的国际学校，中国社会的改革开放还带来了本土学生“看世界”的需求，这主要由中国本土的民办学校来满足。1997年颁布的《社会力量办学条例》提出，“鼓励社会力量办学，维护举办者、学校及其他教育机构、教师及其他教育工作者、受教育者的合法权益，促进社会力量办学事业健康发展”，同时规定“社会力量办学事业是社会主义教育事业的组成部分”，“国家对社会力量办学实行积极鼓励、大力支持、正确引导、加强管理的方针”，“社会力量举办的教育机构应当遵守法律、法规，坚持社会主义的办学方向，贯彻国家的教育方针，保证教育、教学质量”。其中，部分民办学校选择了国际化的发展道路来满足市场日益增长的需求。2003年，《中华人民共和国中外合作办学条例》颁布以来，我国公办学校也在其课

程中逐渐纳入国际视角，其做法主要包括直接从海外引进课程和教材，开设“国际部”或“国际班”，逐渐构成现在中国国际学校三足鼎立的基本格局。

进入21世纪，全球化的快速发展使得大量的资源、人员、知识和信息在世界各国间的流动加速，世界各国相互依存，跨文化的相互理解和欣赏从未像现在这样显得如此重要。党的十八大以来，中国经济发展进入了新的历史阶段，中产阶级日益兴起，其教育支付能力逐渐增强，越来越多的中产家庭有财力也有意愿将其子女送往国际学校接受教育。在强大市场需求的拉动下，我国面向中国籍学生的国际学校呈现出迅猛发展的态势，国际学校的生源结构发生了巨大的改变。据北京新学说文化传媒有限公司统计，中国经认证或授权的国际学校总量和增量均保持逐年上升趋势。从2010年至2018年，中国（不含港澳台地区）获得国际认证的学校数量逐年递增。特别是2016年以来，每年增长数量超过60所。2018年底国际学校数量是2010年的2.14倍（具体见图1–1）。

在经历快速增长的同时，我国国际学校的发展也面临了一系列新的问题，如学校内部的治理结构问题、课程建设问题、中西方文化交融问题等。各地政府开始逐渐有序地加强对国际学校的监管，国际学校的相关政策也逐步收紧，其中公办学校国际部数量开始停滞，民办双语学校成为主要参与者。但不论哪种类型的学校，传统的靠“贴标签”“刷面孔”、粗放式发展的年代对国际学校而言，将一去不复返。[1]

[1] 滕珺.重新认识国际学校之“国际”[N].中国教育报，2019-04-18（08）.

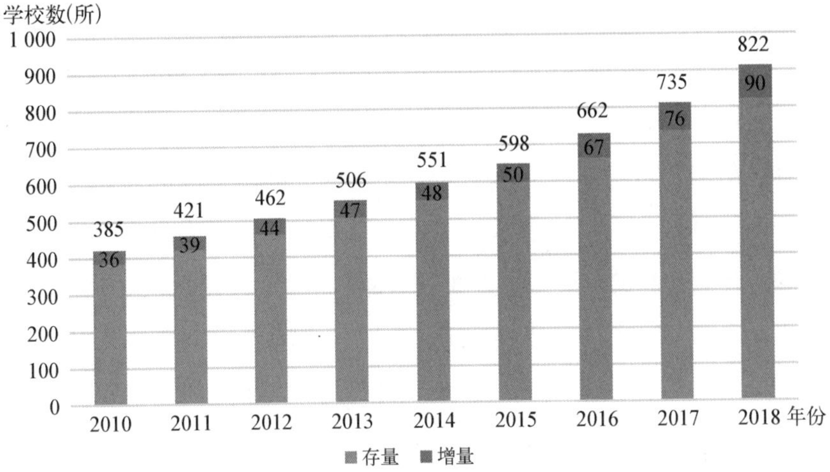

图1-1　2010—2018年中国（不含港澳台地区）获得国际认证学校数量统计图[1]

3. 课程是学校的核心产品，关乎学校的核心竞争力

泰勒（P. H. Taylor）和理查兹（C. M. Richards）认为，课程是“教育事业的核心，是教育运行的手段，没有课程，教育就没有了用以传达信息、表达意义和说明价值的媒介”。[2]课程是学校的核心产品，国际学校的发展要从外延式向内涵式发展转变，实现由量变到质变的飞跃，切实提升办学质量，培养具有全球胜任力的人才，关键就在于学校的课程建设。

课程是教育的载体，设置什么样的课程，意味着学生就会接受什么样的教育。为每个学生提供可选择的丰富课程是促进学生个体发展的最佳选择。纵观当今时代，国际化的趋势愈演愈烈，人的自主性与独立性被放置到了前所未有的高度，现代学校制度也开始关注人的自主发展，

[1] 新学说.2018年中国国际学校发展报告［R］. 北京：新学说国际教育传媒，2018：1.

[2] TAYLOR P H, RICHARDS C M. An Introduction to Curriculum Studies［M］. London: NFER Publishing Company, 1979: 11.

把满足学生的个体需求视为核心要务。“教育并非一种实体的存在，它不过是一种课程的功能，作为功能的教育通常需要依靠一定的结构物——课程才得以实现。”[1]因此，当我们强调满足学生个性化发展需求，提供符合时代发展的教育时，需要以丰富化、多样化的课程为依托。

国际学校在发展初期，其课程体系主要是直接引进西方已有成果。但随着社会的发展，一方面经济全球化、教育国际化对教育提出了更高的要求；另一方面，国际学校的中国学生数量逐渐增长，学校生源结构发生了巨大的改变，纯西方话语体系的国际课程已经不能满足中国学生的实际需求，国际课程需要根据中国学生的情况进行调整，中国元素的加入必不可少，走向自主的课程研发也成为必然趋势。然而，中国国际学校在这一过程中遇到了重重困难。如何充分吸收别国课程的优点，如何自主地进行课程研发和课程体系的建立等，都成为困扰国际学校发展的共同问题。

2019年2月，上海市教育委员会印发了《2019年上海市教育委员会工作要点》[2]，明确了2019年开展高中国际课程班办班年检工作，推进国际课程本土化实施，做好国际课程试点阶段总结。这已经不是上海市教委第一次提出“国际课程本土化”这一概念，早在2013年5月，上海就出台了《关于开展普通高中国际课程试点工作的通知》[3]，明确引进国际课程的价值定位，规范普通高中引进国际课程的实践与管理，引导其朝着有助于扩大基础教育改革开放，深化课程改革的方

---

[1] 马健生，李洋.为每个学生提供适合的教育：何以不可能或何以可能——基于课程的教育功能的分析［J］.北京师范大学学报（社会科学版），2016（6）：22-31.

[2] 上海市教育委员会.2019年上海市教育委员会工作要点［EB/OL］.（2019-4-15）［2019-10-10］. http://www.ict.edu.cn/news/yaodian/n20190415_57924.shtml.

[3] 上海市教育委员会.关于开展普通高中国际课程试点工作的通知［EB/OL］.（2013-5-10）［2019-10-10］. http://edu.sh.gov.cn/web/xxgk/rows_content_view.html?article_code=402162013002.

向有序发展。2018年上海市教委发布的年度工作计划中曾再次提到要推进高中国际课程本土化实施。[1]2019年6月23日，中共中央、国务院印发《关于深化教育教学改革全面提高义务教育质量的意见》，更是明确要求义务教育学校不得引进境外课程，使用境外教材。这进一步推动了国际学校内部的课程建设。课程作为学校的核心产品，直接决定了学校的办学质量和行业竞争力。因此，国际学校纷纷开始探索并加强自身的课程建设能力。

（二）研究意义

1. 理论意义

本研究直面中国国际学校课程建设的现状，思考如何开展国际课程本土化的建设问题，致力于在理论上分析并明确当前中国基础教育国际化发展的大方向，建构一套中国本土的自下而上的话语体系，讲好中国国际学校自己的故事。当然，各个国家都有自己的国际教育模式，我们在建构中国自己的话语体系的同时，也在向世界贡献自己的理论体系，丰富全球国际教育发展领域的研究。

2. 实践价值

本研究通过调查全国各地一百余所国际学校的课程建设状况，走进教室观察国际学校的实际授课情况，对国际学校的校长和教师展开深入访谈，深入一线获得翔实的数据，了解目前国际学校在课程开发及实施中面临的真实挑战，总结国际学校已有的经验和思考，为有关

[1] 上海市教育委员会. 2018年上海市教育委员会工作要点［EB/OL］.（2018-2-2）［2019-10-10］. http://edu.sh.gov.cn/web/xxgk/rows_content_view.html?article_code=304202018001.

教育国际化、国际课程管理的决策提供相应的研究依据。此外，本研究对国际学校的办学者和一线的校长教师亦有一定的启发作用，从而促进国际学校办学质量的提升。

（三）文献综述

1. 关于国际教育的研究

国际教育是一个复杂和宽广的概念。各种价值主体，如科研工作者、国际学校管理者、国家战略制定者等在使用“国际教育”这一术语时都有自己的表达方式。国家战略制定者往往将国际教育视为拉动经济的马车，视为提高文化软实力的工具。如2012年8月，加拿大发布了该国第一个国际教育战略——《国际教育：加拿大未来繁荣的助推器》。美国联邦教育部于2012年11月发布了题为《全球性的成功：国际教育及参与（2012—2016）》的战略报告。澳大利亚于2016年4月制定了第一个国家层面的国际教育战略——《国际教育国家战略2025》。2019年3月，英国政府出台了报告《国际教育战略：全球潜力与全球增长》。教育研究工作者往往将国际教育与跨文化教育、国际理解教育、多元文化教育、全球胜任力等概念紧密勾连，这增加了国际教育这一概念的模糊性。此外，学校管理者、一线教学实践者甚至教育投资者对国际教育也都有自己的理解。因此，有必要对国际教育的概念、起源与发展及发展过程中出现的问题等进行梳理。

（1）国际教育的概念

在试图界定国际教育这一概念时，许多学者都遵循这样一个原则：或将其视为比较教育的一个研究领域，或将其视为旨在培养国际意识和态度的教育实践活动。

首先，国际教育经常在比较教育这一领域进行讨论，1967 年美国比较教育学家贝雷迪（G. Z. F. Bereday）就提出，“国际教育是从比较教育中分化出来的第二个专门领域”，[1]1969年利斯特马（Robert Leestma）提出“国际教育”包括在初等、中等和高等教育阶段中对其他国家和民族的研究，在大学和学院里对世界事务、国际关系、外国政策等专业问题进行多学科的比较与跨文化研究。[2]20世纪末，顾明远提出国际教育的内涵之一是研究跨国和跨文化教育的问题，以及教育、社会、经济和政治等因素对国际关系的影响和作用。[3]总之，这些定义都将国际教育视为比较教育研究的一个范畴，涉及面非常广。

国际教育更被视为一种丰富的教育实践活动。联合国教科文组织（UNESCO）认为，国际教育的内容是“国际理解教育、合作与和平的教育”；[4]国际文凭组织（the International Baccalaureate Organization, 简称IBO）认为，国际教育是一种教育理念，它培养学生在世界上任何一个地方和世界上任何的人共同工作的思维方式和工作技能。[5]弗雷泽（Stewart E. Fraser）和布里克曼（W. W. Brickman）在1967年提出，国际教育是“两个或更多国家的个人或小组中的各种关系、知识分子、文化、教育，通过人、书籍或思想进行的跨越疆界的流动”。[6]顾明远1993年提出，国际教育包括使受教育者获得理解国际教育所必需的语言、能力、观念和态度的教育，以及促进国家间教育、学生

---

[1] BEREDAY G Z F. Reflections on Comparative Methodology in Education［J］. Comparative Education, 1967(3): 21.

[2] LEESTMA R. ‘OE’S Institute of International Studies. American Education［J］. 1969(5): 6.

[3] 顾明远. 教育大辞典［M］. 上海：上海教育出版社，1993：8.

[4] UNESCO. Recommendation Concerning Education for International Understanding, Cooperation and Peace and Education Relating to Human Right and Fundamental Freedom.Retrieved May 28, 2013, from http://porta l.unescoorg/en/ev.phpURL ID-13088&URL DO-DO TOPIC&URL_ SECTION-201html.

[5] https://ibo.org/ib-world-archive/september-2012/international-education-its-time-to-think-again/(2020-8-9).

[6] BRICKMAN W W, FRASER S E. International and Comparative Education［J］. Review of Educational Research, 1976: 57.

和资料的交流的教育计划。[1]坎布里奇（James Cambridge）和汤普森（Jeff Thompson）2004年将国际教育描述为，“在国际学校和其他机构中‘国际意识’教育的理论与实践中动员起来的一系列思想”。[2]希尔（Ian Hill）2007年提出，国际教育的显著特点是研究在国界以外的问题，并运用跨文化理解、批判性思维和协作的能力，以形成有利于人类未来的相互尊重和全球可持续发展的态度。[3]相较于被视为比较教育研究领域的概念界定而言，这些概念更为明确，有清晰的目标指向和具体的实践活动内容。当然，这两者并不是相互排斥的，恰恰相反，是彼此补充、相互支撑的关系。国际教育的研究领域为丰富的国际教育实践提供理论解释，而反过来实践又为该研究领域提供了丰富的思想滋养。

（2）国际教育的起源与发展

从词源角度对“international”进行分析，“国际”一词指不同国家的或与不同国家相关的，存在于或在不同国家间进行的，“国际的概念预设了国家的存在”。[4]因此，有学者认为，严格地说，“国际教育”是伴随民族国家的出现而出现的。[5]“一战”后，人们在战争的废墟上试图通过国家之间的相互理解促进世界和平，如国际联盟在日内瓦成立，日内瓦国际学校随之建立，有学者认为国际教育一开始就由国际谅解这一意识形态驱动。[6]也有学者认为，我们现在所说的国际教育理念并不是

[1] 顾明远．教育大辞典［M］．上海：上海教育出版社，1993：8.

[2][6] CAMBRIDGE J, THOMPSON J. Internationalism and globalization as contexts for international education［J］. Compare: A Journal of Comparetive and International Education, 2004, 34(2): 161-175.

[3] HILL I. Multicultural and International Education: Never the Twain Shall Meet?［J］. Review of Education, 2007(53): 245-264.

[4] 石之瑜．社会科学知识新论［M］．北京：北京大学出版社，2005：100.

[5] BUTTS R F. International Education: Overview. In L. C. Deighton (ed.), The Encyclopedia of Education［M］. New York: The Macmillan Company & The Free Press, 1971: 165.

什么新事物，它是历史上各种教育理念的重新包装，重新设计。[1]正如图克斯伯里（Donald G. Tewksbury）所认为的，国际教育不是一个新现象，而是与人类社会一样古老，教育的跨文化关系是原始社会的一个特点。[2]古尔马格泰（John Goormaghtigh）认为国际教育始于捷克教育家夸美纽斯（Johann Amos Comenius），他的思想中包含着鼓励学生流动、批判性思维、建构主义等元素；18世纪法国教育家卢梭的思想中的体验式学习元素，19世纪雨果（Victor Hugo）和狄更斯（Charles John Huffam Dickens）的文学作品中蕴涵的促进国际理解、培养全球公民的思想，哈恩（Kurt Hahn）对培养情感、态度、道德的重视和存在主义哲学等，都构成了当代国际教育理念的基础。今天，国际教育倡导的跨文化理解，在全球层面解决问题，批判性思维等意识超出"国际"一词所固有的政治层面，而国际教育也是经济全球化进程的一部分，因此，全球主义成为国际教育的另一个语境。[3]

"二战"后，一些国际组织成了国际教育发展的积极推动者，提高了国际教育的水平。联合国教科文组织是推动国际教育发展的一大引擎，联合国教育、科学及文化组织成立之初就组织了国际教育研讨会，并多次组织撰写关于国际教育的报告，于1974年宣布国际教育是关于民主、和平和人权的，并指出了国际教育的7条指导原则，同时还指明了实施国际教育应采用的方法与内容。[4]在联合国教科文组织

---

[1] HILL I. Multicultural and International Education: Never the Twain Shall Meet?［J］. Review of Education, 2007(53): 245–264.

[2] TEWKSBURY D G.International Education as a Foun-dations Discipline［J］. History of Education Journal, 1944, 1(1): 21–24.

[3] CAMBRIDG J, THOMPSON J. Internationalism and globalization as contexts for international education［J］. Compare: A Journal of Comparetive and International Education, 2004, 34(2): 161–175.

[4] UNESCO (1974) Recommendation on education for international understanding. UNESCO General Conference: Paris［DB/OL］. Retrieved February 20, 2012, from http://www.unesco.org/education/nfsunesco/pdf/Peace_ e.pdf.

的领导和推动下，20世纪50年代涌现了一大批知名的国际机构、国际学校和国际大学，并且在参与由联合国教科文组织组织的各种国际会议等活动中结成了广泛的世界性网络。[1]国际文凭组织（IBO）在国际教育的实际发展中也发挥了重要作用。IBO成立于20世纪60年代，有着发展国际文凭和通过一系列教育项目培养学生的国际意识的双重目标，发展至今日，IBO面向所有年龄阶段的学生提供IB教育。IB课程鼓励学生理解和欣赏其他文化、语言和观点，培养学生的批判性思维。“二战”后的国际教育挟全球化之势，在全球范围内迅猛扩展。其主要特点，首先是重心从欧洲转移到美国。其次是联合国教科文组织的国际化活动大大推动了各国的国际教育水平。最后是新兴发展中国家的崛起改变了国际教育的原有格局，使得国际教育朝着多边主义和多元化的世界潮流前进。[2]

随着经济全球化的加速，全球自由贸易和市场成为国际教育的另一驱动力。国际教育能够带来巨大的直接经济利益，以学费收入为主，附加国际学生的寄宿费和其他生活支出，国际教育还能创造大量的就业机会，促进国家之间的贸易。科弗（Dwayne Cover）用话语分析方法分析了2005—2014年加拿大某省的国际教育政策，发现该省将国际教育战略与就业计划结合起来，将国际学生视为人力资本，用以填补该省短缺的劳动力市场。[3] 20世纪80年代，澳大利亚形成了国际教育产业。政府先后采取了多重措施支持该产业发展，在这些策略推动下，澳大利亚国际教育产业发展迅速，近年来成为

[1][2] 王涛.“二战”后的国际教育——教育国际化的发展与未来［J］. 外国教育研究，2009，36（1）：40-45.

[3] COVER D. The Discursive Framing of International Education Programs in British Columbia［J］. Canadian Journal of Educational Administration and Policy, 2016: 170-201.

教育出口大国。因此，德维特（H. Devitt）1999年指出，国际化的主导动力已经出现了从教育、文化以及政治的驱动向经济驱动转换的趋势。[1]

此外，由于国际教育能够带来一系列社会文化效益与政治外交利益，世界各国尤其是发达国家纷纷将国际教育视为外交战略的一部分。2000年时任美国教育部部长理查德·雷利就曾使用“教育外交”概念，即通过教育途径来推进美国在世界各地的外交利益。[2]美国将培养学生的全球胜任力作为其国际教育政策之一，该战略的双重目标是提高美国教育质量，并且推进美国外交领域的优先与重点事务；强调全球胜任力对于国家安全及国家竞争力的决定作用，将个人素质与美国全球利益连接起来。[2]美国通过国际教育达到了提高文化软实力和竞争力，树立良好的国家形象，提高国家影响力的目的。洛默（Sylvie Lomer）在《软实力作为英国国际教育的政策依据：批判性分析》一文中分析了1999—2013年英国留学生政策话语，发现国际教育经历作为一种情感纽带，增强了国际学生与英国的关系，在英国学习的国际学生对英国有着更强的政治认同。[3]

这一基本发展趋势也得到了我国学者的认同，如王振民将国际教育的发展大体划分为四个时期：第一个时期为欧洲的中世纪、宗教改革和启蒙运动时期至 20 世纪初期，这一时期人与文化跨越政治疆界的自由流动都是自然的，没有组织和秩序的；第二个时期始于20世

[1] DEVITT H. Changing rationales for the internationalization of higher education, 1999［DB/OL］. Retrieved October 9, 2003, from https://ejournals.bc.edu/index.php/ihe/article/view/6477/5700.

[2] 钟周，张传杰.立足本地、参与全球：全球胜任力美国国家教育战略探析［J］. 清华大学教育研究，2018，39（2）：60-68.

[3] LOMER S. Soft Power as a Policy Rationale for International Education in the UK: A Critical Analysis［J］. Higher Education, 2017: 581-598.

纪初期，至“二战”之初结束，人员以及文化的自然流动转变为具有政治目的的流动，尤其是“二战”期间，消除憎恨，培养国际意识，增加理解以及表达良好的愿景成为国际教育的主旨；第三时期为“二战”至冷战结束，这一时期尽管市场驱动的方式已经开始影响到国际教育的实践，但这期间，在世界范围内发展互相理解以及良好的意愿仍然是国际教育的主旋律；第四时期为冷战结束至今，各国纷纷意识到国际教育能够给国家在经济、公共外交等多方面带来效益，把国际教育作为实现国家战略的工具，国际教育此后便具有了商品属性，国际教育的理念和实践都发生了极大的变化。[1]

（3）国际教育发展过程中出现的问题

第一，奈特（Jane Knight）曾告诫，商业化和把课程商品化是国际教育有可能带来的第一大风险。这主要是因为全球化背后的经济利益的驱动已经对教育国际化实践产生了巨大影响。由于更多地以市场和消费者为导向，国际教育的质量越来越向利益妥协。目前，国际教育的质量认证与质量测评基本上掌握在几大国际教育机构手中，如国际文凭组织和美国大学理事会（College Board）等，坎布里奇认为：“国际学校与这些国际教育的质量认证机构已形成互利共存的关系。一方面，这些机构通过授权及认证世界各地的学校来不断开拓地方教育市场；另一方面，学校通过获得授权或认证来赚取名声，吸引消费者。”[2] 随着经济动机变得更加明显，国际化的努力以及跨文化理解宽容和学习的目标可能会消失。[3]

---

[1] 王振民. 国际教育之今日发展［J］. 世界教育信息，2014（24）：16.

[2] CAMBRIDGE J C. Global Product Branding and International Education［J］. Journal of Research in International Education, 2002, 1(2): 227-243.

[3] COVER D. The Discursive Framing of International Education Programs in British Columbia[J]. Canadian Journal of Educational Administration and Policy, 2016: 170-201.

第二，王熙等学者在《国际教育的全球化陷阱》一文中指出，除了过度市场化，国际教育的意识形态化也已成为全球性的问题。[1] 国际教育致力于培养摆脱狭隘民族主义的、忠诚于全人类的全球公民，由此创造和谐的国际关系，促进全人类的共同发展。然而坎布里奇和汤普森指出，国际教育体现了形成单一世界秩序的超全球主义趋势，消除了不同国家、地区和学校国际教育的差别。为满足在全球流动的客户子女的教育连续性和国家教育系统之间的可转移性，国际教育的质量通过国际认证程序来保证国际教育的统一质量标准在全球范围内传播。国际教育被解释为“相当于巨无霸和可口可乐”，一种符合所有国家相同质量标准的全球品牌产品。全球主义国际教育的结果是全球文化趋同，以实现跨国资本家的价值观。[2] 以实用主义为导向的国际教育将西方国家的意识形态强加给整个世界，抹杀人类文化的多元性。发达国家政府争夺更大的海外国际教育市场份额，吸引国际人才，培养国际代理人等一系列行为都被“超国家”话语遮掩，白玉平等在《冷战时期（1950—1974）美国国际教育政策探析》一文中指出，冷战时期，国际教育在美国成了其进行文化扩张的主要途径，美国通过推广美国的意识形态、文化和价值观来培养未来美国的代理人，起到了遏制共产主义的作用。然而直至今日，以国际教育为途径的“文化渗透”依旧存在，国际教育向世界输出主要发达国家的语言、课程和价值观，国际教育依旧是各国争夺人才的途径。[3] 西维尔（Lomer Sylvie）也认为，目前的国际教育中，东道主国家与国际学生

[1] 王熙，陈晓晓.国际教育的全球化陷阱［J］.教育学报，2015，11（5）：19-26.

[2] CAMBRIDGE J C. Global product branding and international education［J］. Journal of Research in International Education, 2002, 1(2): 227-243.

[3] 白玉平，曲铁华.冷战时期（1950—1974）美国国际教育政策探析［J］.外国教育研究，2017，44（5）：3-17.

之间的关系依旧是冷战时期权力关系的延续。[1]沃特斯（Johanna L. Waters）同样强调国际教育与后殖民主义之间的关系。[2]正如奎斯特（I. Quist）所言，国际教育这一原本崇尚包容与对话的教育却在全球化浪潮的裹挟下，不断参与建构后殖民主义话语。[3]

第三，国际教育的引入势必引起其与国家教育体系之间的竞争，国际学校可能成为本土学校的有力竞争者，随之而来的便是政府管理上的难题，以及教育的国际化与本土化之间的冲突。越来越多的私立国际学校出现，而且质量参差不齐。正如贝茨（R. Bates）所说，很多学校给自己加上“国际”的名头，只是想在国际教育市场中争得一席之地，根本没有真正下功夫去培育国际情怀。[4]而家长们越来越倾向为孩子选择国际学校就读，国际教育市场容易陷入混乱。此外，国际教育中的民族文化身份认同问题也引起了学者们的普遍关注和思考。

第四，国际教育的精英属性也饱受批评。帕斯捷尔纳克将权力的社会分配确定为国际教育定义中的一个重要因素，处在社会权力地位中心的人创造了国际教育这一开放性体系，以永久保存他们的价值观。[5]虽然随着全球经济的发展，学生接受国际教育的机会越来越多，范围也不断扩大，但是由于相对昂贵的学费，普通家庭依旧难以负担。高收费的国际学校被许多人批评为重新生产特权阶层和保

---

[1] LOMER L. Soft Power as a Policy Rationale for International Education in the UK: A Critical Analysis［J］. Higher Education, 2017: 581-598.

[2] WATERS J L. International Education is Political! Exploring the Politics of International Student Mobilities［J］. Journal of International Students, 2018, 8(3): 1459-1478.

[3] QUIST I. The Language of International Education: A Critique［J］. IB Reasearch Notes, 2005, 5 (1): 5.

[4] BATES R. (ed.). Schooling Internationally: Globalisation, Internatinalization and the Future for International schools［M］. London: Routledge, 2011.

[5] HAYDEN M C, THOMPSON J J. (eds.). International Education: Principles and Practice［M］. London: Kogan Page, 1998.

护精英利益的有效机制。[1]布莱尔（T. Blair）曾以英国为例，指出英国的国际教育旨在提供一张“终生头等舱的机票”，这意味着可以获得精英的职位和理想的工作，国际学生在政治和其他方面都是出类拔萃的，很有可能占据具有社会和政治影响力的职位。[2]沃克尔（G. Walker）也指出，在很多国际学校中，课程与考核均被设计为通向发达国家高等学府或高薪工作的捷径。[3] 通过这样的方式，国际教育将非精英阶层的学生排除在外，加剧了教育的不平等。

2. 关于国际学校的研究

国际学校作为实施国际教育的重要机构，为国际教育的发展提供了平台和依托。国际学校于19世纪末20世纪初开始出现，“二战”后，联合国国际学校、联合国幼儿园、维也纳国际学校纷纷建立起来，这些学校的建立标志着K-12的全球性国际学校运动的开始。[4]此时的国际学校主要为外交官、国际公务员和跨国公司雇员等外籍人员的子女提供国际教育，具有精英学校的属性。“二战”后，作为追求和维护世界和平的一个不可或缺的重要元素，对年轻一代的教育成为实现国际主义和民族主义相互平衡的重要途径，其重点在于世界各国人民同心合力以实现国际合作和理解，其教育目标关注“设法给孩子一个健全的教育，在维系其母国的语言、历史及文化背景的同时，要

[1] DUNNE S, EDWARDS J. International Schools as Sites of Social Change［J］. Journal of Research in International Education, 2010, 9(1): 24-39.

[2] BLAIR T. Attracting More International Students. (Speech to London School of Econo mics launching Prime Minister's Initiative)［DB/OL］. Retrieved August 11, 2013, from http://webarchive.nationalarchives.gov.uk/200601 30194436/http://number10.gov.uk/page3369.

[3] WALKER G. To Educate the Nations: Reflections on an International Education［M］. Saxmundham: John Catt Educational Ltd., 2002.

[4] HILL I. Evolution of Education for International Mindedness［J］. Journal of Research in International Education, 2012, 11(3): 245-261.

在学校的教学和游戏中，将其从阻断人类团结的各种偏见和误导中解放出来；这样，无论将来他身在何处，仍然可以做一个自己国家的好公民；更重要的是成为一个世界的好公民”。[1]20世纪80年代后，国际学校的属性发生了变化，接受国际教育的机会不再局限于私立、高收费学校和国际学校，正如卡伯（S. Carber）所指出的，越来越多的公立教育体系在其课程中纳入国际视角，“许多公办学校都对培养具有全球思维的学生产生了浓厚的兴趣”。[2]

通过文献检索与梳理发现，关于国际学校的研究主要集中于以下几方面：国际学校的概念、特征及类型，国际学校的发展阶段，国际学校发展面临的问题及解决策略。对国际学校进行的具体领域的研究也不少，如国际学校跨文化研究、国际学校教师发展与学生研究、国际学校课程研究等方面。

（1）国际学校的概念及特征

国际学校是一个难以界定的概念，用海登（M. Hayden）的话来说就是，“一个学校能否被称为国际学校，对这个问题了解得越多反而会变得越复杂”。[3]复杂的根源性在于，国际上没有任何一个组织有权为某所学校冠以“国际学校”之名。一般根据学生的性质、正式课程、与当地其他学校在教育市场的竞争，以及学校总体的校风和办学理念等各种因素将学校命名为国际学校。[4]因此，海登和汤普森认为“国际学校是那些具有潜在的共同教育理念的教育机构的集合”。

[1] KENWORTHY L. The Schools of the World and Education for a World Society. In C. O. Arndt and S. Everett (eds.), Education for a World Society［M］. New York: Harper and Brothers, 1951: 79-83.

[2] CARBER S. What Will Characterize International Education in US Public Schools?［J］. Journal of Research in International Education, 2009, 8(1): 99-109.

[3] HAYDEN M. Introduction to International Education: International Schools and their Communities［M］. London: Sage Publications, 2006: 10-11.

[4] 徐辉.比较教育的新进展：国际教育初探［M］.成都：四川教育出版社，2005：4-27.

切斯沃斯（N. Chesworth）和达维（A. Dawe）对国际学校作出如下界定：国际学校是专门为来自多元文化背景的全球移民学生开办的，他们的父母一般是联合国组织的工作人员或私有跨国公司职员，因工作需要经常穿梭于世界各国。学校教师往往也来自各个国家，没有哪个特定国家的教师群体占据主导。这类学校通常开设一种国际课程或者开设一个或多个国家教育系统的课程（但不是东道国的课程体系），或者是两者兼备。[1]可以看出，这一界定涵盖了人们熟知的大多数国际学校，却难以覆盖近年来新兴国家中越来越复杂多样的国际学校类型。张蓉认为，国际学校是指为境内的外籍学生提供初等、中等教育服务的学校，既包含那些具有特定的国别性，遵循举办者母国的教育制度，为境内的母国公民提供母语教育的学校，也包含那些没有严格的国别性，为境内不限国籍的外籍学生提供国际化教育的学校。近年来又发展成同时可以为东道国学生提供国外教育模式的学校，以便为东道国学生将来的海外学习生涯做好起点准备。因此，一所学校可称为国际学校应满足以下条件：学校的学生构成、课程体系、教师来源、资格认证等要素均包含境外元素的参与。只有满足上述条件的学校才可以认定为国际学校。[2]

对于国际学校的理解，《中华人民共和国国家教育部关于开办外籍人员子女学校的暂行管理办法》（以下简称《管理办法》）[3]进行如下阐释，通过教育部对我国境内外籍人员子女学校（即狭义上的国际学校）的相关管理条例可以帮助我们对国际学校形成一个初步的大概的

[1] CHESWORTH N, DAWE A. The Executive's Guide to International Schools［M］. London: Kogan Page, 2000: 25-27.

[2] 张蓉．“二战”后国际学校发展历程及当前面临主要问题分析［D］．福州：福建师范大学，2014.

[3] 中华人民共和国国家教育部关于开办外籍人员子女学校的暂行管理办法［EB/OL］.（1995-04-05）［2019-8-10］. http://www.moe.gov.cn/srcsite/A02/s5911/moe_621/199504/t19950405_81906.html.

了解。《管理办法》第二条“在中国境内合法设立的外国机构、外资企业、国际组织的驻华机构和合法居留的外国人，可以依照本办法申请开办外籍人员子女学校”；第三条“学校以实施中等（含普通中学）及其以下学校教育为限”；第八条“学校招生对象为在中国境内持有居留证件的外籍人员子女。学校不得招收境内中国公民的子女入学”；第九条“学校的课程设置、教材和教学计划，由学校自行确定”；第十条“办学经费由申请人自筹解决”；第十二条“学校聘用外籍人员，依照《中华人民共和国外国人入境出境管理法》及外国人在华工作有关规定办理。学校聘用驻华使领馆人员及其配偶，需经外交部批准。学校聘用中国公民，须向省级教育行政部门提出申请，经核准后，方可聘用”。以上几条相关管理条例非常明确地指明了我国国际学校的办学主体、招生对象、教师聘用、课程设置等相关问题。但显然，这只是狭义上的国际学校，不足以涵盖中国当下人们日常认知中国际学校的丰富样态。

由此可见，试图给国际学校下定义是一件充满挑战性和争议性的事情，正如布兰福德（S. Blandford）等人所言，鉴于国际学校涉及的各种教育阶段、各种学校规模以及招生性别等方面的许多差异，国际学校无法精确定义。国际学校既可以包括幼儿园、小学、初中和高中，也可以是涵盖所有这些教育阶段在内的综合学校；学生人数不等，少则20人，多则4 500人；既可以是男女混合校，也可以只招收单一性别的学生；学校的管理和运行可以由学校创建者、学校董事会、学校高层管理人员、学校校长或校外管理机构来负责。[1]尽管国际学校存在各

[1] BLANDFORD S, SHAW M. Managing International Schools［M］. London: Routledge Falmer, 2001: 73–75.

方面的差异，但事实上，还是有不少学者努力尝试归纳这些学校的共同特点。比如，墨菲（E. Murphy）对国际学校的一些共性作了概括：国际学校为那些国际组织和跨国公司职员的子女提供教育服务，学生家长由于工作需要经常穿梭于不同的国家，并频繁地接受不同的工作任务；还有的学生家长是外交使团的工作人员。同时，国际学校也为东道国儿童提供教育机会，当地经济条件优越的家庭往往希望子女能借助国际学校掌握流利的英语，或者考虑到国际学校比国家公办学校具有更大的灵活性，因此会选择国际学校。当然，并非所有的国际学校都能完全符合上述特点，比如有些国家法律禁止本国公民就读国际学校，但这一概括大致勾画出国际学校的整体面貌，这些共性可作为一个有效的图景使人们对这类学校产生初步印象。[1]国际教育学者特威利格（Ronald I. Terwilliger）也列举了可称为国际学校的学校必须满足的四个先决条件：1）来自东道国之外的学生占绝大多数，东道国学生占少数；2）学校董事会应当由外籍人员和当地人按一定比例构成，这一比例理论上要与外籍学生和当地学生的比例相一致；3）教师曾亲身经历过一段时期的文化适应阶段，因而能更好地为那些不适应新的文化氛围和社会环境的学生提供咨询和指导；4）课程应当是各国教育体系中提取出来的最佳教学内容和最有效的教学实践，要具有最大限度的灵活性，使学生不论是继续辗转于各国的国际学校还是回到母国的教育系统学习，都可以游刃有余。[2]

我国学者徐辉认为：第一，国际学校在所有权和管理权上一般是

---

[1] MURPHY E. ESL: A Handbook for Teachers and Administrators in International Schools［M］. Clevedon: Multilingual Matters, 1990: 153–155.

[2] HAYDEN M. Introduction to International Education: International Schools and Their Communities［M］. London: Sage Publications, 2006: 16–17.

独立的（也有例外，如公办学校中的国际学校分部），少数国际学校的领导权有可能属某个跨国公司或机构，甚至属某个或多个大使馆的法人代表。第二，它们普遍是一种社区学校（与贵族学校相对），多数学校在入学上没有竞争性考试。第三，国际学校服务于大众，服务于多种需要（尽管少数国际学校在教育目的方面有某种规定或服务于某种特殊的需求），其服务对象是跨国公司、国际机构和外国政府代理机构的职员，还包括无法归类的驻外人员和那些偏爱国际学校的当地居民。第四，国际学校大多把英语作为第一语言，少数国际学校使用法语和德语。它们一般用双语或多语教学。第五，国际学校的多数学生是“第三文化儿童”（third-culture children），他们所受的国际教育既不是目前所在国的文化和教育，也不是他们本民族的文化和教育。[1]诚然，这一概括也并非精确到完美，同样存在一些值得推敲的地方，比如没有涉及国际学校的课程问题。

张蓉认为对于大多数国际学校而言，通常具备以下共同特点：第一，国际学校的办学主体一般是政府、国家或政府驻外机构、国际组织机构、社会团体或基金会、跨国公司、商业模式的教育集团、慈善家或个人等。第二，国际学校的学生一般来自境内不同国籍、人种、宗教和文化背景的学生，是否招收东道国学生视学校性质与东道国的法律而定，比如，有少数具有鲜明国别性的国际学校只招收母国公民，而大多数国际学校则不限国籍招生，并且也向东道国学生敞开大门，然而有的东道国政府禁止本国公民入读外籍人士开办的国际学校，于是这部分人便选择就读自己国家教育体制内开办的国际学校。第三，国际学校的学制涵盖幼儿园、小学、中学及大学预科

[1] 徐辉. 国际学校和国际学校课程述评［J］. 教育理论与实践，2001（6）：41-44.

阶段的教育。第四，国际学校大多数是独立于国民教育体系之外的学校，所有权和管理权一般是独立的，少数的国际学校属于公立教育体系。第五，国际学校通常以国际教育为己任，以培养国际公民为教育目标，使学生具备全球化进程中所需要的语言、知识、能力和态度等，培养学生的国际视野和国际思维、国际理解和合作能力，以及跨文化交往和处理国际事务的能力。第六，国际学校一般获得权威国际学校组织的认证，加入成为会员学校，或者通过剑桥大学国际考试委员会及美国大学理事会的认证，授权开设具有全球认可力的国际课程，采用其开发的考试并颁发国际知名大学承认的文凭。第七，国际学校一般把英语作为第一语言，并通常采用双语或多语进行教学。[1]

由此可见，即便是不同学者归纳的共同特点中，也有诸多不同点。在林林总总、纷繁复杂的国际学校领域，各个国际学校秉承不同的办学理念或宗旨。从本质上看，国际学校的办学理念或受市场驱动，追求务实的市场效益；或由理念主导，以培养学生的国际视野、国际思维和国际意识为宗旨，回归国际教育最本真的价值和意义。可以说，国际学校是异常复杂的事物，既有共性，又有差异，学术界无法为“国际学校”下一个确切的定义，不存在一个不受质疑的涵盖一切的普遍概念可用来表述国际学校，还需结合不同的国情背景对国际学校予以分析探讨。

（2）国际学校的类型

学者们在给国际学校分类方面做了诸多尝试和努力，基于不同的分类标准（如共性特征、先决条件、办学理念、开办主体等诸多方

[1] 张蓉．“二战”后国际学校的发展历程与特征评析［J］．教育评论，2014（8）：157-159.

面）对国际学校的类型进行划分。国内学者也结合我国国情形成了对我国国际学校的类型划分。

1964年，美国社会学家里奇（Robert J. Leach）将国际学校分为三类：国家开办的海外学校；国际学校协会的会员学校；追求经济效益的学校。[1]随着国际学校数量的逐渐增多，国际学校的类型也有所增加。1981年，英国国际教育学者桑德森（Joyce M. Sanderson）将国际学校分为以下几种类型：提供国际文凭课程的学校；没有提供国际文凭课程，但由于学生来自多个国家而具有一定国际性的学校；深深地植根于民族传统的侨民民族学校（海外学校），虽然接收不同国籍的学生，但是仍然以民族传统为基础进行目标规划和组织教学等类型。[2]1988年，马修斯（Michael Matthews）指出，鉴于国际学校巨大的差异并且在缺乏权威机构认定的情况下，试图对纷繁复杂的国际学校进行归类或许是无用之举，他转而从办学理念的角度提出了一种鉴别国际学校的二分法，即所谓的"理念驱动"（ideology-driven）和"市场驱动"（market-driven）。他认为，理念驱动下的国际学校包含那些"在某些方面促进国际理解与国际合作"的学校，而市场驱动下的国际学校则包含"其他所有那些为满足特定外籍侨民的教育需求而开办的学校"，一般由"个人、团体组织、跨国公司或政府机构的代表"开办和管理。[3]1994年，希尔（Ian Hill）将国家公办学校也纳入研究视野，根据学校提供何种文化背景下的课程体系，将国家公办学校和

---

[1] CAMBRIDGE J, THOMPSON J. Internationalism, International-mindedness, Multiculturalism and Globalisation as Concepts in Defining International Schools［DB/OL］. Retrieved August 14, 2019, from http://staff.bath.ac.uk/edsjcc/intmindedness.html.

[2] HAYDEN M, THOMPSON J. International Schools and International Education: A Relationship Reviewed［J］. Oxford Review of Education, 1995(3): 327–345.

[3] MATTHEWS M. The Ethos of International Schools［M］. Oxford: University of Oxford Press, 1988: 34–35.

国际学校分为四种典型的类型：1）国家开办的海外学校，性质上属于公办学校，使用母国的课程体系；2）国家在本国开办的公办学校，使用国际课程；3）国际学校，使用国际课程；4）国际学校，使用母国的课程或其他多个国家的课程（或许还包括东道国的课程）。[1]

我国学者张蓉根据办学主体的不同，将纷繁复杂的国际学校划分为十类：1）政府作为办学主体，在国内开办的国际学校，主要招收境内的外籍人士子女以及部分当地公民，采用国际课程；2）政府以外的社会力量在本国开办国际学校；3）国家或政府驻外机构在驻地主办的海外学校，由学校成立的家长委员会经营与管理，性质上属于民办学校；4）两个或多个国家的政府或机构联合办学，性质上属于公办学校；5）国际组织或机构的公职人员在驻地开办的学校，性质上属于民办学校；6）全国性的社会团体在世界很多国家和地区创办国际学校，面向世界各国公民招生，采用国际课程；7）商业运作模式的教育集团创办的全球连锁国际学校，面向世界各国公民，采用国际课程；8）个人在海外投资办学，面向世界各国公民，采用国际课程，性质上属于民办学校；9）跨国公司为海外员工子女开办的学校；10）一些著名的独立学校在其他国家设立的分校。[2]

由此可见，从国际学校的办学主体来看，既有政府机构，又有国际组织、社会团体、商业化的教育集团、跨国公司、独立学校的海外分校、个人等；从学校性质来看，既有公立又有私立；从学校所在地来看，既有在国内的又有在海外的；从课程体系来看，既有举办者所属国的课程体系，又有国际课程体系；从招生对象来看，既有不限国

---

[1] HAYDEN M, THOMPSON J. International Schools and International Education: A Relationship Reviewed［J］. Oxford Review of Education, 1995(3): 327-345.

[2] 张蓉．“二战”后国际学校发展历程及当前面临主要问题分析［D］．福州：福建师范大学，2014.

籍的，又有限制特定招生群体的……鉴于世界各地的情况各异，有关国际学校领域的政策、体系和形态不会千篇一律，必然还存在未被提及的更加广阔的、多元化的国际学校类型，还需在后续的研究中进一步补充完善。

（3）国际学校的发展阶段

邦内尔（Tristan Bunnel）认为，从“二战”后国际学校迅速发展到20世纪末的40多年里，国际教育处在其发展的第一阶段，海登和汤普森将第一阶段定义为数量快速而且在很大程度上不受控制的增长的时代，并且伴随着多样性的增长。[1]海伍德（T. Haywood）提出，第二阶段将涉及高质量的运动。[2]邦内尔认为，国际教育进入第二阶段后将呈现以下特点：建立某种形式的国际教育联盟，试图培养一批专业的国际教育工作者，加强就读国际学校的儿童所经历的国际经验，希望将国际学校的范围扩大到目前主要由西方主导的领域之外，国际学校正在有意识地朝着更大程度上共享普遍标准的方向迈进。[3]

陈峰[4]将我国国际学校的发展分为四个阶段：1）被动—导入阶段，这一阶段主要是指改革开放初期，国际化人才涌入，我国政府特地为这类人员的子女开设了学校；2）朦胧—探索阶段，这一阶段很多学校从侧面开始进行探索；3）主动—多元阶段，这一阶段特点是境外教育

---

[1] HAYDEN M, THOMPSON J. International education: Flying flags or raising standards? [J]. International Schools Journal, 2000, 14(2): 48-56.

[2] HAYWOOD T. The Alliance for International Education: Making possible the age of influence [J]. International Schools Journal, 2002, 2(2): 7-16.

[3] BUNNELL, TRISTAN. International education and the ‘second phase’: A framework for conceptu alizing its nature and for the future assessment of its effectiveness [J]. Compare: A Journal of Comparative and International Education, 2008, 38(4): 415-426.

[4] 陈峰.国际化学校的若干问题研究 [J]. 教育导刊，2006（4）：12-14.

机构与中国教育合作，主要形式有教师派遣、学生互访、课程引进、联合培养、联合认证等；4）互动—融合阶段，这一阶段从深层次上把握外域教育和本土教育传统的关系，在融合中找到平衡点。金赞也对国际学校的发展进行了阶段性划分：1）初步发展阶段（20世纪80—90年代），国际学校的数量非常有限，主要是由各个使领馆举办的，招收的学生局限于使领馆人员子女。2）加速发展阶段（20世纪90年代至20世纪末），学校数量大幅增长，各个学校的办学规模有了很大提高。3）走向成熟阶段（21世纪初至今），国际学校在校区、设施、招生人数上不断发展。[1]张蓉则认为"二战"后，国际学校的发展经历了三个阶段："二战"后至20世纪70年代末，意识形态导向下的国际学校崛起阶段；20世纪80年代初至90年代末，市场机制驱动下的国际学校繁荣阶段；20世纪90年代末至今，全球化背景下国际学校的新发展阶段。[2]由此可见，国际学校的发展与国际教育的发展有着密不可分的联系，国际教育的发展直接影响了国际学校的发展，而国际学校的发展又反过来推动了国际教育发展的新趋势。

认证制度同样是观察国际学校发展很好的一个视角，阎凤桥将国际学校的发展分为两个阶段：第一个阶段具有需求导向的特点。由国际学校根据自身的利益和惯例提出建立认证制度的需求，并得到了制度供给方的响应。第二阶段，在制度需求方的积极影响下，制度供给方通过调动一些社会资源和沿着特定的网络途径完成制度建立过程。[3]此外，还特别值得一提的是，随着国际学校的快速发展，国

---

[1] 金赞.国际学校的发展及其对国内学校的影响和启示［D］.苏州：苏州大学，2010.

[2] 张蓉."二战"后国际学校的发展历程与特征评析［J］.教育评论，2014（8）：157-159.

[3] 阎凤桥."铁笼"是如何建造的?——国际学校认证制度在中国建立过程的案例分析［J］.北京大学教育评论，2007（1）：25-41.

际学校之间的联盟开始出现。1814—1914年，有30多个正式的国际教育组织计划。[1]1949年，联合国教科文组织召开了国际学校校长会议。1950年，联合国教科文组织主办了为期四周的具有国际思想的学校会议，50名教育工作者开会讨论了国际教育的定义，使之成为国际教育工作者的第一次主要聚会之一。[2]1951年，国际学校协会（the International School Association）在日内瓦成立。1965年欧洲国际学校理事会（the European Council of International School）成立，它是迄今为止规模最大的国际学校联盟组织。但正如邦内尔所指出的，由于国际学校机构组织丰富多样，因此区域性国际学校联盟组织较多，联盟缺乏凝聚力。“建立一个全球性的具有共同标准的统一行业的想法相当有吸引力，但是也极具挑战性，现在可以说是遥不可及”。国际学校行业擅长在微观层面结成联盟，将国际教育相关的组织和个人松散地聚集在一起，使得国际学校行业不再走碎片化道路，但是联盟的性质相对随意。邦内尔将国际教育联盟类比为自由贸易区，联盟里没有共同的标准和政策。国际教育联盟可以自由地代表该联盟的各个部门，与促进和分享其价值的外部机构进行互动。[3]

（4）关于国际学校教师和学生的研究

国际学校教师管理和专业发展问题同样颇受关注，如英国国际教育学者霍尔德内斯（J. Holderness）探讨远程培训对教师专业发展的积极影响以及对国际学校发展的重要作用，诸如增强互动性，发挥校

---

[1] SYLVESTER R. Mapping International Education: A Historical Survey 1893-1944［J］. Journal of Research in International Education, 2002, 1(1): 91-126.

[2] HILL I. The History of International Education: An International Baccalaureate Perspective. In M. Hayden, J. Thompson and G. Walker (eds.), International Education in Practice: Dimensions for National and International Schools (pp. 18-29)［M］, 2002.

[3] BUNNELL T. The International Education Industry: An Introductory Framework for Conc eptualizing the Potential Scale of an ‘Alliance’［J］. Journal of Research in International Education , 2007, 6(3): 349-367.

本课程积极作用，促进文化间学习交流等方面。[1]我国学者倪永凯以某国际学校的教师为调查对象，通过问卷调查的方式，对该校的招聘团队、招聘信息的发布、招聘测试与甄选、新聘教师跟进与导入各方面展开研究和讨论。基于以上研究，提出了该国际学校招聘系统的改善措施：制订人力资源发展规划、建立高效率的招聘团队、优化双重聘用合同制度、建立科学的甄选程序、建立基于互联网技术的人才库、完善新聘教师的导入制度。[2]胡兰从国际教育的角度来探讨教师专业发展，从促进我国中小学教育的国际化目的入手，将研究国际学校的教师专业发展模式作为突破口，详细分析国际文凭组织的教师专业发展机制与实施措施，重点介绍了这类学校的教师专业发展模式，包括教师专业发展理念、教师招聘、教师的职前培训、教师的入职及在职专业发展等，然后进行总结并进一步扩展延伸，分析当前国际化背景下教师应该具备的专业素养——国际视野和思维、全球意识、良好的信息素养、优异的语言背景、自我发展的精神和能力，以及培养这些素养的一些有效的途径，以期为我国各级各类教育、学校的教师专业发展提供新的视角，对教育国际化背景下我国教师专业发展提出一些借鉴，促进我国正在迅速发展的国际教育质量的提高。一流的学校需要一流的管理，一流的管理需要一流的教师管理机制。[3]孟秀丽对美国国际学校激励方式进行了深入的案例研究，提出学校管理者坚持人本管理，坚持物质激励和精神激励相结合，科学地运用不同的激励方式激励教师，能达到激励教师、促进教师发展，继而促进学生发

---

[1] HAYDEN M C, Thompson J, WALKER G R. (eds.). International Education in Practice: Dimensions for National and International Schools［M］. London: Kogan Page, 2002: 83-97.

[2] 倪永凯.SIS国际学校的教师招聘体系研究［D］. 上海：上海交通大学，2012：33-38.

[3] 胡兰. 国际学校的教师专业发展研究［D］. 上海：华东师范大学，2009.

展、学校发展，创造出教师、学生、学校共同进步，三方共赢的美好前景。[1]胡然分析总结出国际学校教师产生职业倦怠的内因、外因及直接根源，最后从以下三方面提出了有效缓解国际学校一线教师职业倦怠的方法，包括寻找新动力、改变自我，正确认识自身的问题以及优化环境，从而达到预防或缓解职业倦怠的目的，使教师的身心能健康发展，并提高他们生活质量和工作效率。[2]

此外，随着中国对外开放的不断发展，中外经济、文化等合作交流的日益频繁，来中国投资、工作、生活的外国人和海外华侨人数逐年增多，这类人群的子女构成了国际学校学生的主要来源。国际学校的学生来自世界各地，文化的不同导致学生之间的差异非常大。正是这个原因，不同文化之间的碰撞使得学生们不仅要学习学校里教授的知识，还要理解世界各地文化的差异。因此，国际学校学生特点成为国际学校研究的重点内容之一。黄文良在其研究中重点介绍了国际学校学生的特点，并得出了适合国际学校的教学方式：任务驱动学习法、课题解决学习法、协作学习法。[3]冉小玉以案例研究的方式，对国际学校学生自主学习能力培养进行了实证研究后，提出学校开设跨文化交流课程、建立学习资源中心、建立学校条例，规范学生行为都可以促进自主学习的行为。[4]

3. 关于国际课程的研究

我国学者对国际课程的研究起步较晚。20世纪90年代，在对外开

[1] 孟秀丽. 美国国际学校教师激励方式研究——以北京协力国际学校为例［D］. 北京：首都师范大学，2007.
[2] 胡然. 国际学校教师职业倦怠程度及影响因素研究［D］. 成都：电子科技大学，2017.
[3] 黄文良. 对国际学校及其学生特点的研究［J］. 科技风，2009（7）：87-88.
[4] 冉小玉. 国际学校学生自主学习能力培养的实证研究［D］. 重庆：重庆师范大学，2011.

放的大背景下，一些国际课程开始被国内学者关注，但是这一时期关于国际课程的研究主要是以介绍为主。比较有代表性的包括洪光磊对IB课程发展阶段的梳理介绍[1]和李继星、姚黎明对国际大学预科课程的介绍。[2]进入21世纪，扩大教育开放水平的诉求不断增加，教育国际化成为趋势，国际课程的引入和国际教育交流进一步发展，对国际课程的研究也有了从不同视角的更为细致的分析。这一阶段，国内学者对国际课程的研究在理论上有了深化与细化，但当时我国国际课程的发展还不成熟，因此关于国际课程在我国教育实践中的研究并不多。比较有代表性的包括华东师范大学钟启泉教授从知识论的视角分析国际课程，提出了以IB课程为代表的国际课程的批判的、以能力为取向的知识观，值得当下我国教育改革借鉴。[3]顾彬彬在2006年对国际课程进行了系统地论述，分析了以IB课程为代表的国际课程所代表的价值理念。[4]后来，由于国际学校发展转型的需要，关于国际课程本土化的研究也逐渐兴起。张广财在2009年以广东碧桂园国际学校为研究对象，进行了中国国际课程实践的个案研究。[5]唐盛昌在《高中国际课程的实践与研究》一书中，以上海市国际课程的开展情况为依托，分学科论述了中国国际课程的本土化实践情况。其研究对象囊括了IB课程、AP课程、A-LEVEL课程和美国高中课程，研究范围涉及国际课程的本体性研究、国际课程的本土化研究，国际课程的管理、建设和人才培养等方面。近年来，我国学者对国际课程的研究呈现出多样化的趋势，出现了许多新的视角和理论，其中关于国际课程本土化的讨论最为热烈。

---

[1] 洪光磊.国际中学文凭课程［J］.外国教育资料，1994（5）：1-6.
[2] 李继星，姚黎明.国际文凭组织和国际文凭概述［J］.外国中小学教育，1998（6）：37-38.
[3] 钟启泉.“学校知识”与课程标准［J］.教育研究，2000（11）：50-54+68.
[4] 顾彬彬.国际文凭项目研究［D］.上海：华东师范大学，2006.
[5] 张广财，国际文凭组织（IBO）中学项目的课程及其特征分析［D］.兰州：西北师范大学，2009.

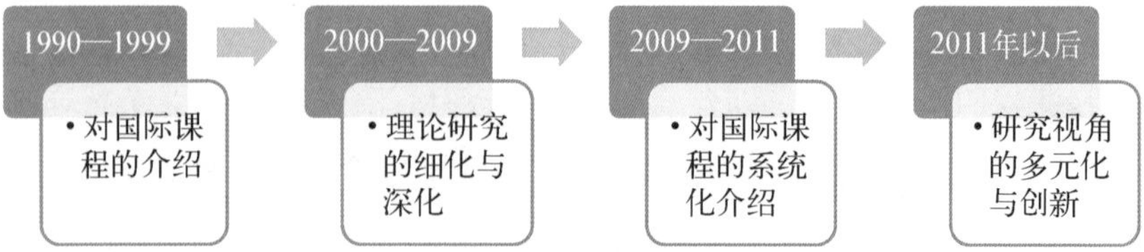

图 1–2　我国对国际课程研究的不同阶段

（1）国际课程的概念与内涵

唐盛昌对“国际课程”界定如下：首先它相对于研究者所处的国家和地区，应当属于外来品，即它的发源地是别的国家；其次它应当在多个国家都被采用，而不仅仅局限于个别国家或学校；最后它应当得到国际上广泛的认可，其标准和认证应当被多个国家认可。[1]在作出定义后，唐盛昌列举了几个常见的国际课程：IB课程、A–LEVEL课程、AP课程、IGCSE课程、BC课程。徐士强在此基础上，根据课程发源地的不同又将国际课程分为两类：国际性和国别类课程，并提出了认识不同国际课程的两个指标——设计的对象（目的），得到认可的范围（结果）。国际类课程（比如IB）是民间非营利机构创立的，服务于世界范围内的学生，目前得到越来越多国家的认可；国别类课程（比如AP/A–LEVEL）则是面向本国学生的课程，但因为本国教育在世界范围内的影响力，其课程也在世界范围内被引进，成为具有国际性影响力的课程。[2] 滕珺等人提出了认知国内主流国际课程的四个维度：1）课程地域维度：全球性与区域性。2）课程目标维度：国际意识与知识习得。3）课程组织维度：学科学习与主题探索。4）推广战略维度：全球胜任力与市场驱动力。[3]除了从国际课程本身出发对其内涵进行

---

[1] 唐盛昌，李英.高中国际课程的实践与研究/总论卷［M］.上海：上海教育出版社，2011：8.
[2] 徐士强.普通高中国际课程决策要素分析和政策模型构想［J］.教育发展研究，2014：6.
[3] 滕珺，胡佳怡，李敏.国际课程在中国：发展现状、认知维度及价值分析［J］.比较教育研究，2016，38（12）：54-60.

界定，杨明全还尝试从普通师生对国际课程普遍的认知误区出发，通过打破误区对国际课程进行概念的阐明。他指出：国际课程本身并不是铁板一块，相反，其内部具有许多分支。他将国际课程分为国际性课程、国别性考试课程和国别性大学预科课程，并指出了国际课程和“洋高考”的区别，强调了国际课程的育人目的，其中列举了IB课程的目的——培养21世纪的领导型人才。最后他指出国际课程并不排斥本土化的融入，相反，国际课程本身就有着积极吸纳本土元素的诉求。[1]

（2）主要国际课程介绍

在关于国际课程的研究文献中，被研究最多的是IB课程（国际文凭课程），同时还有AP课程、A-LEVEL课程、IGCSE课程等。

1）IB课程

谈及IB课程的缘起，张红指出，与AP、A-LEVEL、BC等课程最初是为本国学生升学设计不同，IB课程的兴起有两个动力。直接的动力是满足外交官等“国际移动家庭”子女的教育需求，需要获得国际范围内都受认可的教育凭证；而深层次的原因则是和平环境下全球化程度的加深，以及由此衍生的对国际性领导人才的需求。[2]

国外的学者对于IB课程研究较早，2010年菲利普（H. Philip）和艾伦（W. Allan）进行了一项名为“提供多个IB国际课程项目学校的成功做法研究”的研究，他们运用问卷调查和案例分析法研究了多个实施IB国际课程项目的学校后指出，学校的教学领导力和管理策略直接关系到项目的成功与否。[3]IB课程的教学目标引起热议，曾有学

[1] 杨明全.基础教育国际课程的认识误区与本土化抉择［J］. 中国教育学刊，2018（1）：67-71.
[2] 张红.IB课程在中国［J］. 天津市教科院学报，2014（1）：56-58.
[3] PHILIP H, Allan W. A study of Successful Practices in the IB Programme Continuum［DB/OL］. Retrieved October 1, 2013, from http://www.ied.edu.hk/apclc/research_2.html.

者针对 IB 国际课程的培养目标进行批判性分析，并指出IB 国际课程教材中应加强态度与价值观的元素，以更有利于培养具有国际情怀的世界公民。[1]2013年，在多哈的国际教育联盟会议上，希尔提出学习应该建立在求知基础上，倡导用建构主义的教学方法，来促进IB国际课程对学生国际情怀的培养。[2]IB国际课程发展成为国际课程开发的一支重要力量，并且在与A-LEVEL课程进行激烈竞争的过程中，逐步由最初的全纳教育的理念转向精英教育。[3]徐鹏进一步指出了IB课程的几个培养方向——全人教育、终身学习能力和批判精神，这就要求IB课程做到整体化、跨学科的主题教学，行动取向、探究取向的可持续教学，具有培养批判、自觉的学习观。[4]

唐盛昌则对旧版的IB课程的课程设置做了简要介绍。IB课程是由国际文凭组织推出的在全球范围内得到认可的国际性课程。现在的IB课程由四部分组成：PYP、MYP、IBDP和IBCP，涵盖了从3岁到19岁，从小学到大学预科和职业教育的主要教育阶段。其中每个阶段的任务各有侧重：PYP阶段侧重于良好习惯与品德的养成，MYP阶段则侧重于正确价值观的树立，IBDP阶段侧重于升学和生涯方向的选择。IBCP课程的课程设置采用3+6模式，即3个核心科目——TOK（知识论）、CAS（创造、行动与服务项目）、EE（拓展论文）和6个选修科目——母语、第二语言、个体和社会、实验科学、数学和计算

[1] JOHN W. International Education, Values and Attitudes: A Critical Analysis of the International Baccalaureate (IB) Learner Profile［J］. Journal of Research in International Education, 2011, 10(2): 174-188.

[2] HILL I, ELLWOOD C. Education beyond Frontiers: Early Signs of International Mindedness［J］. The International Schools Journal, 2013, 32(2): 80-86.

[3] BRUNNELL, T. The International Baccalaureate in England and Wales: The Alternative Paths for the Future［J］. The Curriculum Journal, 2008: 151-160.

[4] 徐鹏，夏惠贤，陈法宝.IB国际课程——理念与行动［J］. 外国中小学教育，2015（2）：54-58.

机科学、艺术。IB的评估同时兼顾过程性评价和终结性评价，其中IB的考核每半年一次，且平时表现也得以纳入评级体系。

2）AP课程

AP课程原是美国高中开设的大学先修课程，主要是为学有余力的高中生（十一至十二年级学生）提前提供大学水平的课程，避免高中和大学初级阶段课程的重复。2013年，托普（Greg Toppo）着重从政策价值层面审视AP项目，指出美国学生在参与AP课程的机会上存在不平等的因素。[1]但也有些学者指出了美国AP课程的优点，如桑托利（Santoli）从不同的角度分析了AP课程的优点，并从教师、学生和学校的立场上肯定了AP课程的作用。[2]AP课程的特点在于：重视个性与兴趣，充分发挥学生潜能，追求卓越，从而为进入美国大学后的专业选择提供更加准确的决策支持。截至2015年，美国大学理事会共开设七大类型课程，包括顶点研修课程、艺术课程、英语课程、历史/社会科学课程、数学/计算机课程、科学课程、世界语言文化课程。[3]

3）A-LEVEL/IGCSE课程

A-LEVEL课程原是英国本土教育普通教育证书高阶课程的简介，是英国大学的入学考试课程，适用于16—19岁学生。A-LEVEL国际课程体系和考试由剑桥国际委员会（Cambridge International Examinations，简称CIE）组织设计，学制2年。第一年学生至少选择自己感兴趣的3—4门课，通过考试后获得AS证书；第二年学生可选

[1] TOPPO G. Report: Advanced Opportunities for Students Uneven［N］. USA Today, 2013-02-21.
[2] SANTOLI. Is This the Advantages of AP?［J］. American Secondary Education, 2008(11): 20-22.
[3] 滕珺，胡佳怡，李敏.国际课程在中国：发展现状、认知维度及价值分析［J］. 比较教育研究，2016，38（12）：54-60.

择AS考试中至少3门课程继续学习，通过考试后获得A-LEVEL证书。

IGCSE是国际普通中等教育证书的简称，其实也是英国本土中等教育证书GCSE的海外版，是专门针对初中阶段学生（14—16岁）开发的国际课程。其课程设置结构与IB类似，同样设有六大组课程，但与IB课程不同，它设有一门独特的跨学科课程——自然经济。A-LEVEL和IGCSE课程的特色在于：培养能够顺利进入和适应英国高等教育乃至全球各国高等教育的人才。[1]结合滕珺、杨明全等学者的观点，表1-1对几种类型的国际课程特点进行了归纳。

表1-1　主要国际课程特点比较

国际课程类型	地域性	目 标 定 位	教 学 组 织
IB	国际范围	培养国际意识	超学科+选修
ICGSE	国际范围	升学（国际通用性强）	跨学科+选修
AP	国别范围	升学（预科性强）	大学学科的整合（体系性差）
A-LEVEL	国别范围	升学（整合性强）	高中学科的整合（体系性强）

（3）国际课程的实践现状

李家豪总结了当前国际课程在世界范围内的发展情况，指出当前国际课程发展较好的区域为亚太地区（东亚三国、印度、澳大利亚）、欧美地区和拉美地区，而其中发展势头最好的是IB课程，但目前开展数量最多的还是AP课程和A-LEVEL课程。2011年，英国高等教育统计局把IB国际课程学生与同等条件的A-LEVEL学生和其他群

[1] 滕珺，胡佳怡，李敏.国际课程在中国：发展现状、认知维度及价值分析［J］.比较教育研究，2016，38（12）：54-60.

体的学生做了对比，2007—2008学年和2008—2009学年的数据对比证据表明：IB国际课程的学生更有可能考取排名靠前的高等学府，更有可能获得荣誉学位和奖励和高薪。[1]在地区层面，亚太地区的国际课程发展势头最好，这一方面与该地区的区域经济发展水平提高，市场驱动力大有关；另一方面也与该地区政府对开展国际课程的支持有关。日本和韩国的许多大学都开始将IB成绩作为招生的指标，大大推动了IB课程在本国的发展。尽管如此，美国依旧是IB课程发展的主阵地，全世界获得IB课程开设资格的学校接近一半都在美国。[2] 2012年，澳大利亚教育研究理事会对IB国际课程学生和非IB学生进行了对比测试，着重检验学生表现情况。研究数据表明：不同年级，IB国际课程小学项目和中学项目组的各个领域的测试成绩明显优于非IB学生组。[3]熊万曦对美国IB课程的发展进行了梳理回顾。他指出，美国的IB课程发展并非一帆风顺，在起步阶段，美国的精英高中也没有展现出配合的态度。但20世纪80年代，美国基础教育改革的需求和美国高校重视通识教育的传统为IB课程的推广提供了契机，而分权的教育行政体制和联邦政府的支持则为IB课程的推广创造了空间。虽然当下仍有保守人士反对IB课程的推广，但由于其国际化的优势和得到高校与联邦政府的支持，IB课程在美国依旧以公立中学为主要依托，迅猛发展。[4]

---

[1] Key findings from research on the impact of IB programmes in the Africa, Europe and Middle East Region. Retrieved December 9, 2014［DB/OL］, from http://ibo.org/research/resources/documents/ResearchAEM-3web.pdf.

[2] 李家豪，林洛颖，钟彩凤.课程研究：百年审视与未来想象——第十六届上海国际课程论坛综述［J］.上海课程教学研究，2019（03）：12-16+80.

[3] TAN L, BIBBY Y. Performance Comparison between IB School Students and Non-IB School Students on the International Schools' Assessment (ISA) and on the Social and Emotional Wellbeing Questionnaire［M］. Melbourne: Australian Council for Educational Research, 2012: 128.

[4] 熊万曦.美国高中国际文凭课程发展研究［J］.比较教育研究，2015，37（3）：30-36.

针对中国当下国际课程的发展现状，新学说公司在2016年指出，当前我国开展数量最多的国际课程是AP和A-LEVEL，这与世界范围内的规律一致，而IB课程则紧随其后，且发展势头良好。在中国范围内学习IB课程的学生数量逐年递增，且学生表现也逐年出色。从开设IB课程的地域分布看，当前的IB课程集中在沿海经济发达地区，如上海、江苏、广东，国际课程对区域经济的依赖性还比较高。此外，新学说公司还指出了当前中国国际课程发展的两个主要任务——提高本土化和平民化水平。[1] 除了对国际课程普遍发展情况的描述，部分学者还从细节入手，描述当下国际课程在中国的发展现状。徐士强对选择国际课程的学生成绩进行了分析，指出选择国际课程的境内学生中，有相当一部分低于中考招生线，这反映了当前中国国际课程成为后进生躲避高考的“捷径”这一尴尬定位。[2] 但近年来高于中招线的顶尖学生比率上升，国际课程培养顶尖人才的作用也得以发挥。黄晓玲对北京市基础教育阶段学生的国际课程需求进行了量化研究。研究结果表明，当前北京市基础教育阶段的学生对考试预科类的国际课程需求最大（AP、SAT、A-LEVEL），而接受国际课程的途径主要是中外合办的国际班和中介机构，其接受国际课程的原因是国际课程的理念先进以及方便进入国外的好大学。[3]

（4）关于国际课程中国本土化的研究

本土化研究是当下我国国际课程研究的一个热点。关于国际课程的本土化研究主要有管理和教学两个维度。

---

[1] 2016年IB课程年度回顾［M］//IB国际文凭课程年度分析报告（2016年版）.北京：北京新学说文化传媒有限公司，2017：4.

[2] 徐士强.普通高中国际课程的本质与决策要点分析［J］.上海教育科研，2015（6）：5-8.

[3] 黄晓玲.北京市基础教育阶段学生国际课程需求的调查分析［J］.教学与管理，2016（27）：22-25.

1）国际课程本土化的管理问题研究

A. 国际课程本土化的管理挑战

刘世清从监管的层面说明了我国国际课程本土化面临的困境——管理者的照单全收。由于对新兴的国际课程管理权责不明确，同时，国际课程的引入主体过多、过杂，国际课程的增长速度过快，出现了对国际课程监管不到位的情况，主要表现为国际课程一旦准入就缺少监管，缺少相对应的评估考核、退出机制。[1] 徐士强从统筹规划的层面说明了我国国际课程本土化面临的困境——难以在保证资源公平和保障国际课程办学质量中把握平衡。由于国际课程资源消耗较大，而公办学校所用经费必须保证均衡与公正，因此在公办学校如何有效开展国际课程项目成了当下的一个重要挑战。[2] 杨明全则从社会观念的角度说明了国际课程本土化的挑战。当前社会共识对于国际课程的认知普遍是为留学作准备，是“洋高考”或“高考退路”。没有正确的社会认识，难以形成社会合力，这也是当前国际教育发展和本土化面临的主要难题。[3]

B. 国际课程本土化的管理建议

针对监管层面的困境，唐盛昌提出应该完善相关政策，做到学校自我评价与政府监管相结合。[4] 刘世清则指出应该完善评估与考核退出机制，完善相关的法理建设。[5] 针对统筹规划维度的困境，唐盛昌指出应该赋予学校一定的资源支配自主权，做到学校自主与地方统筹的结合。

---

[1][5] 刘世清，陶媛，周恋琦. 普通高中国际课程的发展困境与政策取向［J］. 教育发展研究，2014，33（6）：30-34.

[2] 徐士强，高光. 普通高中面向境内学生开设国际课程的现状、问题与建议——以上海为例［J］. 教育发展研究，2012，32（6）：11-15.

[3] 杨明全. 基础教育国际课程的认识误区与本土化抉择［J］. 中国教育学刊，2018（1）：67-71.

[4] 唐盛昌，李英. 高中国际课程的实践与研究/总论卷［M］. 上海：上海教育出版社，2011：8.

徐士强指出政府应该加强公共服务水平，并提出了政策的“三角力”模型。该模型指出，只有当城市支持力、学校内驱力和社会响应力三力方向一致时，政府才应该采取支持的管理政策，达到“制衡支持”的局面，而当三力出现方向不一致的局面时，政府应当采取抑制的政策，以调整而非以发展为主要任务，达到“失衡抑制”的局面。[1] 针对观念和舆论维度的困境，唐盛昌指出，应当明确国际课程的定位，加强对自身条件和课程定位的了解。同时应当明确引入国际课程的目的，并将借鉴与改善教育质量作为主要目的，而非以帮助留学和盈利为主要目的。沈伟借鉴了美国的倡议联盟博弈，指出应当在引进国际课程时追求政府、专家和民众意见的统一，而非回避三者间的冲突。[2]

2）国际课程本土化的教学问题研究

A. 国际课程本土化的教学困境

在教学的价值取向上，陈吉菁提出国际课程本土化首先面临的困难就是教学目标的转变，这背后涉及个人主义与集体主义谁优先问题。[3] 徐士强也提出了国际课程会不会冲击到中学生本土化教育的疑虑。[4] 刘世清则指出了当前许多师生对国际课程的认知具有很强的功利性，将其认定为是留学预科，而忽视了其中的育人价值。

在教学能力上，唐盛昌提出国际课程本土化的关键就是“软着陆”问题，这关系到师资水平、学校的条件和学生的语言能力。陈吉菁也指出，当前国际课程的本土化面临着超学科教学模式的适应，探究式学习模式由结构型探究向开放型探究的转变，以及由单一主体、单一

---

[1][4] 徐士强.普通高中国际课程决策要素分析和政策模型构想［J］.教育发展研究，2014，33（6）：24-29.

[2] 沈伟，杨苗苗.全球化背景下教育政策的本土演绎：倡议联盟的视角——基于美国国际文凭课程发展的思考［J］.教育发展研究，2017，37（Z2）：31-37.

[3] 陈吉菁.国际课程的本土化开发与实施研究［D］.上海：华东师范大学，2016.

标准评价转向多主体、多标准评价。这些转变都需要学生和老师去适应。刘世清则提出了对学生学习能力的忧虑。他认为当前国际课程缺乏国内认可，国际课程的学生无法兼顾高考，只能孤注一掷，学习压力过大。

在教学规划上，刘世清指出当前上海的学校对两类课程的融合进展不尽如人意，出现了“夹生”的情况。具体表现为：压缩本土课程，缺少融合地将各类课程“大杂烩”，去本土化和应试化倾向严重。[1] 唐盛昌则指出选修的教学模式也需要中国学校重新调整适应。许甜则从国际课程的弱边际性出发，提出了长期以来用课程边界进行管理的中国学校是否有经验管理好边界性弱的课程的疑虑。[2]

B. 国际课程本土化的教学对策

在课程的价值取向方面，刘世清指出应当依据学段属性和课程内容，充分发挥国际课程课改育人的功能，做到避免应试教育，保留本土化元素，鼓励合作而非恶性竞争。[3] 陈吉菁则指出应当统一中国教育与国际教育的育人目标，找到两者的内在逻辑联系，设置有层次、有梯度的德育目标。翁燕文提出在引进国际课程时也应对其进行反思，做到取其精华，去其糟粕。[4]

在课程的教学能力方面，唐盛昌指出，学校应当抓住条件，充分发展自身，调动教师的积极性，实现内生性的师资培养。陈吉菁指出，应当树立新的知识观和课程观，用基于概念的知识取代基于事实

---

[1][3] 刘世清，陶媛，周恋琦.普通高中国际课程的发展困境与政策取向［J］.教育发展研究，2014，33（6）：30-34.

[2] 许甜.从“乱”与“洁”看教育中的隔离与统整——伯恩斯坦视角下的国际学校课程与教育形态［J］.清华大学教育研究，2017，38（6）：89-97.

[4] 翁燕文.全球化背景下的国际高中课程述评——以IB课程、AP课程为例［J］.宁波教育学院学报，2008（4）：30-33.

的知识，用追求广度和真实的课程取代追求深度和难度的课程。[1]

在课程的管理规划方面，唐盛昌指出在引进选修体系时，不仅要引进丰富式的选修，还要引进加速式的选修，增强选修体系的层次感；不仅要增强未来向的人才培养，也要增强基础向的人才培养，增强培养的全面性。刘世清指出，应该增强课程间的融合，并找到连接国内高校与国际课程的通道。

（5）关于国际课程的评价

徐士强从决策制定者的角度对国际课程的利弊进行了分析。[2]他指出，国际课程一方面具备理念先进、视野国际化与评价科学性强的优势，能够丰富地区的教学模式，提升地区的教学质量，但另一方面，国际课程作为一种外来的教育模式，会对学生的本土化教育造成冲击；同时国际课程消耗资源较多，对资源的占用大。陈吉菁则从学校的课程实施者角度指出，国际课程能够引导学生开展自主学习和合作学习，调动学生的学习积极性，拓展学生的视野；但是，国际课程对师资、经费的要求高，本土化融入程度低，这制约了国际课程效果的发挥。[3]

此外，部分学者还以不同的理论作为依托对国际课程进行评价。徐鹏提出了国际课程所依托的三个主要理论——全球化理论，建构主义教学观和多元智能理论。根据这三个理论，他提出了国际课程的三个优势——课程定位的国际化，教学模式中学生的主体地位强，学生能力发展的全面性。[4]许甜以伯恩斯坦（Basil Bornstein）的教育边界理论，特别是其“分类”和“架构”的概念、“统整型”与“聚集型”

[1][3] 陈吉菁. 国际课程的本土化开发与实施研究［D］. 上海：华东师范大学，2016.
[2] 徐士强. 普通高中国际课程的本质与决策要点分析［J］. 上海教育科研，2015（6）：5-8.
[4] 徐鹏.IB 国际课程研究［D］. 上海：上海师范大学，2015.

的课程分类为基本框架，结合在国际学校的实地考察，分析了国际课程与国际教育的“统整”本质：无课程边界，无师生边界，无物理空间边界；探讨了由边界消弭带来的国际教育的基本特征：统整性强，边界弱，因此知识的创造性强，师生的平等性强，学习的自主性强。但也有可能会带来组织秩序的混杂与无序。[1]

徐辉指出国际学校课程建设具备以下特点：提供国际文凭课程；设有教学语言支持课程；重视对学校所在地文化的教育；利用学校自身优势，开设特色课程；高选择性；课外活动作为课程重要的一部分。[2] 国际课程强调培养学生参与国际事务，进行跨文化交流等方面的能力。在内容上突出相互理解、世界文化多样性以及关注全球性重大问题，重视作为交流工具的语言的学习。在方法上注重主动学习和小组合作。

整体来看，当前我国对国际课程的研究较为深入，特别是在国际课程本土化的问题上有了较为深入细致的思考。但由于近年来政策环境和市场环境的较大变化，关于国际学校课程建设的现状、国际课程的价值导向、国际学校课程建设的本质及挑战、未来国际课程建设的发展方向及对策等问题还需进一步更新，进行更为系统深入的研究。

（四）研究设计

1. 核心概念

（1）国际学校

本研究所采用的核心概念是家长和行业从业者日常话语体系中的

---

[1] 许甜.从“乱”与“洁”看教育中的隔离与统整——伯恩斯坦视角下的国际学校课程与教育形态［J].清华大学教育研究，2017，38（6）：89-97.

[2] 徐辉.国际学校和国际学校课程述评［J].教育理论与实践，2001（6）：41-44.

事实概念，即新学说公司《2018中国国际学校发展报告》中的概念："国际学校是获得各类国际课程机构或质量保障机构认证的学校。"由于目前国际学校在中国本土是一个新兴概念，正如前文所言，很多学者对国际学校有不同的理解，本研究基本认同张蓉对国际学校内涵的理解，即一所学校可称为国际学校，应满足以下条件：学校的学生构成、课程体系、教师来源、资格认证等要素均包含境外元素的参与，这类学校可认定为国际学校。[1]

（2）课程

"现代课程理论之父"泰勒（Ralph Tyler）提出了一个内涵较为广泛的课程定义，认为课程包括教育机构里的计划，是教和学中发生的每一件事情。[2]顾明远主编的《教育大辞典》中将课程划分为三层内涵：为实现学校教育目标而选择的教育内容的总和；泛指课业的进程；学科的同义词。[3]综合以上两种定义，本研究将课程定义为：为实现学校教育目标而选择的学习经验的总和，包括学校各门学科、课业进程以及有目的、有计划、有组织的各类活动。

2. 分析框架

根据经典课程理论"泰勒原理"，课程编制主要分为确定和选择教育目标、选择学习经验、组织学习经验以及评价教育计划四步。[4]顾明远将课程划分为四个层级：一是国家课程（理想课程）；二是开

---

[1] 张蓉."二战"后国际学校发展历程及当前面临主要问题分析［D］.福州：福建师范大学，2014.

[2][4] ［美］拉尔夫·泰勒.课程与教学的基本原理［M］.施良方，译.北京：人民教育出版社，1994：126，134.

[3] 顾明远.教育大辞典［M］.上海：上海教育出版社，1990：256.

发课程（编写教材）；三是实施课程；四是学习的课程。[1]依据以上关于课程的基本理论，本研究在四个维度的基础上增添了课程结构和课程资源两个维度，主要考虑因素如下：一方面，通过调查国际学校课程结构的设置，可以看出学校本身对国际课程的定位，反映国际学校自身的教育理念和办学特色。课程结构的分布，还能反映学校课程国内外融合的情况，对于深入探析国际课程本土化这一问题具有重要意义。另一方面，课程资源对于课程建设和开发具有现实意义，对课程资源的开发利用，是新课程改革的重要内容之一。优秀的课程资源有利于开发学生自主多样的学习方式，是对课程实施环节的重要支持，是实现国际学校教育目标的必要保证。

因此，本研究以课程基本要素逻辑为理论框架（如图1–3所示），进行问卷及访谈提纲的设计，内容涵盖国际学校课程目标、课程结构、课程内容、课程实施、课程资源、课程管理和评价六个维度。其中，课程目标是整个课程体系的核心，是学校课程的出发点和落脚点，课程结构、课程内容和课程实施是落实课程目标的核心要素，而课程资源、课程管理和评价是保障课程结构、课程内容和课程实施的重要支撑体系。这六者相互影响，有内在关联。本研究以全国范围内百余所国际学校为研究对象，以问卷调查法为主要方法，并深入一线展开调研，以期对国际学校课程建设提

图1–3　本研究的理论框架

[1] 顾明远.小班化教育究竟如何“化”[N].中国教师报，2015-11-08（012）.

出建设性意见。

3. 研究思路

本研究以课程的基本维度为理论框架，在了解国际学校课程建设现状的基础上，深入探究国际学校课程建设中的问题与挑战，总结和分享一线教师在课程实施方面的宝贵经验，试图寻找解决问题的有效路径和未来国际课程建设的总体方向。

首先，在调查实施方面，本研究主要采取问卷法，以自编“国际学校课程建设现状调查问卷”为研究工具，通过开放式问题及封闭式问题深入研究各类国际学校课程建设的现状，了解各学校的教育目标、课程内容结构、课程开发的资源条件、在课程实施管理中积累的经验和遇到的挑战等内容，将问卷发放至课程负责人处，进而进行问卷的收集和数据的汇总处理。

其次，本研究结合问卷调查，共走访了中国不同地区的9所国际学校，对国际课程的授课教师和课程开发者进行访谈，深入挖掘问卷中呈现的问题，从而更好地了解教师和管理者在国际课程建设本土化中的诉求和困惑。问卷从学校课程事实角度出发，访谈从课程经验层面入手，两者并驾齐驱，相辅相成。本研究还通过课堂观察了解国际课程的教学状况，发现在课程实施中存在的生成性问题，作为对问卷信息的补充。

最后，通过收集问卷，汇总并分析数据，发现国际学校课程建设中的问题，结合对教师的访谈以及实地观察的结果，切实了解一线学校的课程建设现状，在此基础上，通过专业分析与深入反思，对国际学校课程建设提出相应建议，推动国际学校课程从目标、内容到实施、管理、评价的全方位进步。

（五）研究方法

为了更好地了解我国国际学校课程建设的现状，本研究综合运用了多种研究方法，如问卷调查、深度访谈和实地观察，从不同的视角全方位描绘我国国际学校课程建设的样貌。

1. 问卷调查

（1）问卷开发

为了能够更加全面地了解当前国际学校的课程建设情况，北京师范大学国际与比较教育研究院的专家团队与新学说文化传媒有限公司组成了项目组，通过两次会议共同制订了调查所用的问卷，并在问卷制订完毕后进行了试测。其中问卷主要分为两部分：第一部分是国际学校背景信息调查；第二部分为国际学校国际课程建设现状调查。

1）第一部分：国际学校背景信息调查

在第一部分的编制中，项目组将国际学校的基本情况纳入问卷编制的考虑范围，以期更全面、清晰、完整地勾勒出我国国际学校课程建设的现状蓝图。

有关学校背景信息的部分，《国际学校课程现状调查问卷》共设置了10个题项，问题形式以封闭式问题为主，从学校概况、课程、班级、学生和教师五个方面全方位了解每所国际学校的基本资料和背景信息。第一，在学校概况方面，调查了学校的名称、建校年份、所在省市、学校性质和学校所获得的国际认证；第二，课程方面，调查了开设国际课程的学段以及不同学段所采用的课程体系；第三，在班级方面，调查了各国际学校的班级数量和班额；第四，在学生方面，调查了学前、小学、初中、高中四个学段的在校生人数；第五，在教师方面，调查了当前本土教师总数和外籍教师总数。

2）第二部分：国际学校国际课程建设现状

在第二部分的编制中，项目组根据分析框架的六个维度，即课程目标、课程结构、课程内容、课程实施、课程资源、课程管理和评价，共设置了29个题项，其问题形式以开放式问题和封闭式问题相结合的形式呈现。第一，在课程目标方面，调查了各个国际学校的培养目标；第二，在课程结构方面，调查了国际课程在总课程中的占比情况，国际课程的实施是否需要外语授课，国家课程中“三科”课程的开设情况，学校是否有自主开发的课程以及在正常教学时间内的选课情况；第三，在课程内容方面，调查了开设国际课程的学段以及不同学段所采用的课程体系；第四，在课程实施方面，调查了学校的编班方式、教学方式、课堂教学模式、学生主要学习方式、是否实施分层教学、学校中实施项目学习的课程以及教师在中外课程融合过程中所面临的挑战；第五，在课程资源方面，调查了各种课程资源在学校课程开发中的重要程度、学校各种专业场地和设备的使用频率以及家长对学校课程的支持程度；第六，在课程管理和评价方面，调查了学校整体课程框架设计的主要考量因素，增设某门国际课程时的主要动力，未开设某一科目的原因，国际课程所使用的教材的评估决策机构，国际课程所需设施的评估决策机构，学校是否有关于国际课程评价的成文制度，学校主要利用的国际测评，学校是否参加当地的期中期末考试，学校如何与其他学校比较学生的学业成就，以及学校宣传教学高质量的主要依据。此外，由于每所学校所面临的课程建设情况各不相同，为了更好地了解每所国际学校在课程建设中的经验以及挑战，项目组在最后以两道开放式问题来了解每所国际学校的具体信息。

表 1-2　本研究的问卷提纲

调查维度	问卷调查基本内容
总体状况	国际学校的基本信息
课程目标	学校的育人目标
课程结构	国际课程所占比重
	国际课程教学语言情况
	“三科”课程（语文、历史、道德与法治）开设情况
	自主开发课程情况
	选课制度实施情况
课程内容	不同学段采用的课程体系情况
课程实施	学校实行的编班方式
	学校是否实行分层教学
	学校主要采用的教学方法、课堂教学模式
	学生的主要学习方式
	学校实施项目学习的课程情况
	中外课程融合中遇到的挑战
课程资源	各类课程资源的重要程度比较
	专业场地或设备的使用情况
	家长对课程建设的支持情况
	教师对学生学习的引导情况
课程管理和评价	课程设计的考虑因素
	国际课程开设的推动力量
	未能开设某一课程的原因
	评估与决定国际教材和设施设备的机构
	国际课程评价的成文制度情况

（续表）

调查维度	问卷调查基本内容
课程管理和评价	国际测试、区县考试的参与情况
	对学生学业成绩的评价与考量依据
	对学校教学质量的评价依据
总体回顾	课程建设中的经验与困惑挑战

（2）样本选择

在选择参与调查的国际学校时，项目组充分考虑到全面、均衡、代表性、具有说服力等原则，在全国共调查128所国际学校，最终回收104所国际学校的有效数据，并从学校的覆盖区域、建校历史和类型三个方面呈现样本的分布情况。

第一，在学校的覆盖区域方面，为了保证样本的代表性，参与调查的104所国际学校共覆盖25个省、市、自治区，位于东部地区的国际学校有67所、中部地区有15所、西部地区有22所。

第二，在学校的建校历史方面，项目组以3年作为学生培养的周期长度为划分标准，将各学校按建校历史分为以下类型：新学校（尚未完成一个学生培养的完整周期，0—3年），发展中学校（完成1—2个学生培养完整周期，4—9年），成熟学校（完成3—6个学生培养完整周期，10—18年），老牌学校（至少完成6个学生培养完整周期，19年以上）。其中，发展中学校所占比例最高，总共32所，占比30.8%；而老牌学校占比最低，总共20所，占比19.2%。此外，新学校和成熟学校分别有30所和22所，分别占比28.8%和21.2%（见图1-4）。

第三，在学校的类型方面，项目组将参与调查的国际学校划分为民办国际学校、公办学校国际部、外籍人员子女学校和其他类型学校。在参与调查的国际学校中，民办国际学校占比最高，总共74所，占比71.2%；而外籍人员子女学校占比最低，总共4所，占比3.8%。此外，公办学校国际部和其他类型学校各有13所，均占比12.5%（见图1-5）。

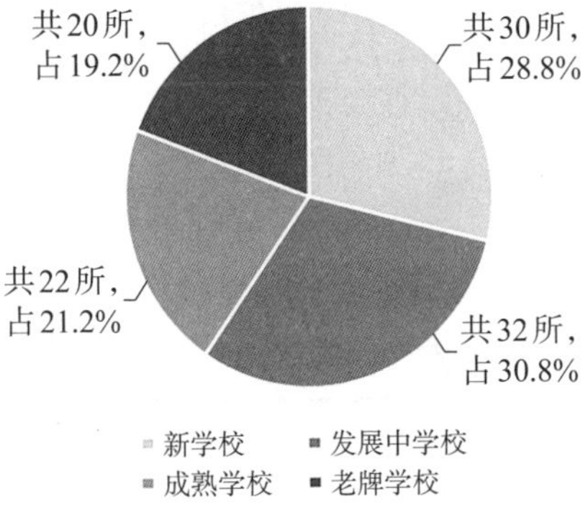

图1-4　样本学校建校历史分类图

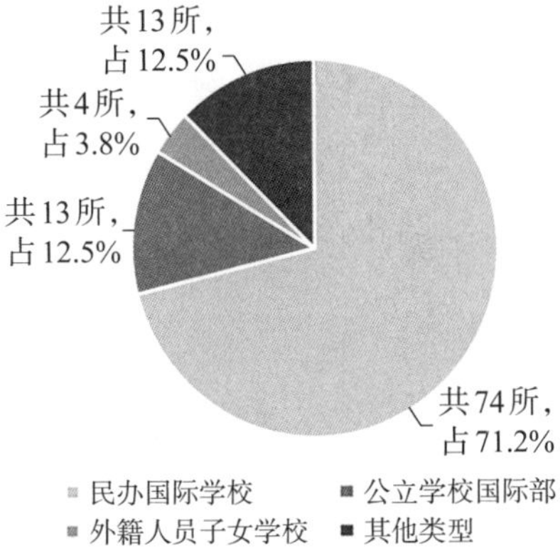

图1-5　样本学校类型图

（3）问卷发放

问卷的发放采用与北京新学说文化传媒有限公司合作的形式。该公司是由国际学校行业专家共同打造的多边媒体平台，以新媒体为载体，以行业研究为核心，以行业服务为平台，自成立以来一直致力于中国国际学校行业研究，对中国国际学校有着深刻了解。在该公司的帮助下，项目组成功发放问卷，高效地采集到全面、真实、富有价值且宝贵的数据，降低了项目组收集数据的周期和成本。

本研究问卷主要发放给全国各地国际学校的校长、学术副校长；在学校选择上，希望能够均衡覆盖全国各个地区的不同类型、拥有不同课程、涵盖不同学段的国际学校。最终，项目组一共发放了128份问卷，收回了104份有效问卷。

2. 深度访谈

为了能够更深入地了解不同国际学校课程建设的情况，了解国际学校在课程建设时的关键事件和经验，项目组在使用问卷法的同时，同时使用了访谈法。

（1）访谈提纲的制订

项目组最终决定使用半结构型访谈，同样围绕课程目标、课程结构、课程内容、课程实施、课程资源、课程管理和评价这六个维度，期待收获有关国际学校课程建设的重要经验，期望收获的信息真实、丰富、深入。经过项目组多次讨论，最终制订了半开放式的访谈提纲。

表1-3　本研究访谈提纲

访 谈 提 纲
1. 贵校采用的主要课程体系是什么？当时为什么选择这些课程体系？
2. 请简要介绍一下贵校的课程管理体系。
3. 请简要描述一下贵校日常教研活动的流程。
4. 贵校在实施课程的过程中得到了哪些支持？
5. 贵校最具特色的课程或活动是什么？
6. 能否分享贵校最有代表性的一个教学案例？
7. 请回顾贵校课程建设的历程，描述关键事件，并总结其中最重要的经验是什么。
8. 当下贵校课程建设过程中面临的最大挑战是什么？面对这些挑战，贵校的对策是什么？

（2）访谈学校的选择

项目组最终选取了9所有代表性的国际学校，在选择时主要考虑在中国各地区具有代表性并且相对成熟的国际学校，主要集中在北京、上海以及广州地区，项目组一共选择了上述地区的7所。同时，由于近年来川渝地区的国际学校发展势头迅猛，新建国际学校的增长率居全国第一，因此项目组在川渝地区选择了2所有代表性的国际学校。主要对这些学校主管课程和教学的副校长进行半结构化访谈，访谈时间1—2.5小时（见表1-4）。

表1-4　本研究访谈的整体信息

学校名称	所在地区	访谈时间	访谈时长/小时	访 谈 对 象	访谈脚本字数
A	北京	2019年4月30日	1	学校总校长J	3 823
B	上海	2019年6月26日	2.5	主管课程与教学的K校长	5 578
C	上海	2019年6月26日	1	L校长	7 945
D	上海	2019年6月27日	2	M校长、N校长	7 762
E	广州	2019年8月22日	2.5	Q校长及课程建设相关负责人	10 546
F	广州	2019年8月23日	2	S校长及课程建设相关负责人	12 332
G	广州	2019年8月23日	2.5	R校长、T总监	9 043
H	重庆	2019年9月26日	1	主管课程Z校长、Y主任及相关老师	5 715
I	成都	2019年9月27日	1.5	学校主要负责人X	9 644

（3）访谈过程

首先，在进行正式访谈之前，项目组会就项目背景、项目的主要负责单位（北京师范大学国际与比较教育研究院和北京新学说文化传媒有限公司）、项目的目的与意义进行简要的介绍。其次，在征得受访国际学校的同意后，受访国际学校会签署《访谈知情同意书》。在同意书中，明确告知被访国际学校项目组访谈的主要内容、记录方式、保密措施、资料用途和项目组主要负责人的联系方式等信息。最后，项目组根据事先制订的访谈提纲进行正式访谈。在访谈的过程中也会根据被访者的回答情况对访谈提纲中的问题进行灵活调整，在必要的时候适当追问和挖掘信息。

3. 实地观察

项目组深入多所国际学校进行实地观察。在观察中，感谢参与项目的国际学校带领项目组参观校园，甚至有些学校开放了课堂供项目组进行课堂观察。正是在这些国际学校的大力支持和热情帮助下，才使得观察卓有成效，收获颇丰。

在此次的国际学校课程建设的研究中，项目组使用了多种研究方法进行调查，但是这些研究方法并不是独立的，而是相互联系，紧密相关的。在进行研究的时候，项目组始终将目光聚焦在“如何更好地了解国际学校课程建设的现状”上，综合运用多种方法，从不同的研究视角看待课程建设的现状，通过不同的研究方法收集丰富且全面的数据，最终得出研究结果。

二、中国国际学校课程建设的政策分析

（一）国家宏观政策

1. 基本趋势不变：深化教育改革，扩大教育对外开放

自1978年十一届三中全会以来，我国改革开放政策成为社会发展的主旋律，[1]一系列社会成就的背后，是相关政策的持续推动。在对内改革、对外开放的进程中，世界局势也成为影响我国教育决策的重要因素。如今，我们处在全球化的时代，有学者指出，这是人类不断跨越民族、国家的地域界限，超越制度和文化的障碍，形成一个不可分割的有机整体的发展过程。[2]这种一体化的趋势对经济发展、人才培养均提出了较高的要求。

因此，在我国改革开放进程的推动和全球化趋势的影响下，教育对外开放是必然的趋势。自改革开放以来，我国出台了一系列教育对外开放政策，旨在建立比较成熟的社会主义教育体系，实现教育的现代化。国际学校作为促进中外教育相互借鉴、融合发展的办学形式，在推动我国教育对外开放进程中起到重要作用，因此，教育对外开放政策为国际学校的发展提供了一系列的保障，也提出了一系列的要求。

1985年，《中共中央关于教育体制改革的决定》将邓小平给景山

[1] 虞崇胜.制度改革与制度定型：改革开放40年后中国制度发展的双重合奏［J］.行政论坛，2019（5）：50-57.

[2] 陈时见.全球化视域下多元文化教育的时代使命［J］.比较教育研究，2005（12）：37-41.

学校的题词“教育要面向现代化，面向世界，面向未来”写入政策法规之中，为教育改革提供了基本方向。自此，“开放”成为我国教育改革的一个重要方面。1993年，国务院颁布《中国教育改革和发展纲要》，提出到2000年，我国教育发展的目标和任务之一是进一步扩大教育对外开放，加强国际教育交流与合作，大胆吸收和借鉴世界各国发展教育和管理教育的成功经验。[1]1999年，中共中央办公厅发布的《中共中央国务院关于深化教育改革全面推进素质教育的决定》也提到了“当今世界，科学技术突飞猛进，知识经济已见端倪，国力竞争日趋激烈”[2]的国际局势。这说明，面对竞争日趋激烈的国际社会，教育对外开放是重要且必要的。

2010年，国务院颁布《国家中长期教育改革和发展规划纲要（2010—2020年）》，在教育体制改革部分专门对“教育对外开放”提出了如下要求：开展多层次、宽领域的教育交流与合作，提高我国教育国际化水平；借鉴国际上先进的教育理念和教育经验，促进我国教育改革发展，提升我国教育的国际地位、影响力和竞争力；适应国家经济社会对外开放的要求，培养大批具有国际视野、通晓国际规则、能够参与国际事务和国际竞争的国际化人才；吸引境外知名学校、教育和科研机构以及企业，合作设立教育教学、实训、研究机构或项目；鼓励各级各类学校开展多种形式的国际交流与合作，办好若干所示范性中外合作学校和一批中外合作办学项目。[3]在此阶段，我国的

[1] 教育部.国务院关于《中国教育改革和发展纲要》的实施意见［EB/OL］.（1994-7-3）［2019-9-12］. http://old.moe.gov.cn//publicfiles/business/htmlfiles/moe/moe_177/200407/2483.html.

[2] 中共中央办公厅.中共中央国务院关于深化教育改革全面推进素质教育的决定［EB/OL］.（1996-6-13）［2019-9-12］. http://www.chinalawedu.com/falvfagui/fg22598/12450.shtml?from=groupmessage.

[3] 教育部.国家中长期教育改革和发展规划纲要（2010—2020年）［EB/OL］.（2010-7-29）［2019-9-13］. http://old.moe.gov.cn/publicfiles/business/htmlfiles/moe/info_list/201407/xxgk_171904.html.

经济社会水平取得较大发展，对教育对外开放提出了更高的要求。一方面，教育对外开放要求加强与国外教育机构的交流与合作；另一方面，教育对外开放旨在培养具有国际素养的人才。这些要求使得国际学校的重要性得以凸显，推动了国际学校的发展，同时对国际学校提出了一系列要求。

2016年，中共中央办公厅、国务院办公厅印发《关于做好新时期教育对外开放工作的若干意见》，对做好新时期教育对外开放工作进行了重点部署。提出加快留学事业发展，提高留学教育质量；完善体制机制，提升涉外办学水平；加强高端引领，提升我国教育实力和创新能力；丰富中外人文交流，促进民心相通；促进教育领域合作共赢，通过加强与国际组织的合作，建立和完善双边多边教育部长会议机制，增进次区域教育合作交流。[1]2017年，习近平在党的十九大报告中指出，中国人民的梦想同各国人民的梦想息息相通，实现中国梦离不开和平的国际环境和稳定的国际秩序。必须统筹国内国际两个大局，始终不渝走和平发展道路，奉行互利共赢的开放战略，坚持正确义利观，树立共同、综合、合作、可持续的新安全观，谋求开放创新、包容互惠的发展前景，促进和而不同、兼收并蓄的文明交流，构筑尊崇自然、绿色发展的生态体系，始终做世界和平的建设者、全球发展的贡献者、国际秩序的维护者。[2]

2018年，习近平在全国教育大会上强调："我们要抓住机遇、超前布局，以更高远的历史站位、更宽广的国际视野、更深邃的战略眼光，对

[1] 国务院.关于做好新时期教育对外开放工作的若干意见［EB/OL］.（2016-4-2-9）［2019-9-13］. http://www.gov.cn/home/2016-04/29/content_5069311.htm.

[2] 习近平：决胜全面建成小康社会夺取新时代中国特色社会主义伟大胜利——在中国共产党第十九次全国代表大会上的报告，新华网［EB/OL］.（2017-10-27）.［2019-10-5］. http://www.xinhuanet.com//politics/19cpcnc/2017-10/27/c_1121867529.htm.

加快推进教育现代化、建设教育强国作出总体部署和战略设计。”[1]2019年，中共中央、国务院印发《中国教育现代化2035》，聚焦教育发展的突出问题和薄弱环节，提出“开创教育对外开放新格局”。提出全面提升国际交流合作水平，推动我国同其他国家学历学位互认、标准互通、经验互鉴；扎实推进“一带一路”教育行动，加强与联合国教科文组织等国际组织和多边组织的合作；提升中外合作办学质量；积极参与全球教育治理，深度参与国际教育规则、标准、评价体系的研究制定；推进与国际组织及专业机构的教育交流合作。[2]随着我国综合国力的增强和经济文化的发展，我国更加广泛地参与到国际事务中，这对教育开放提出了更高的要求。因此，国际学校作为教育对外开放的重要实现形式，应该有责任参与到“国际教育规则、标准的制定”“提升中外合作办学质量”等教育改革中，提升我国教育质量以及在国际教育中的地位。

2020年6月18日，《教育部等八部门关于加快和扩大新时代教育对外开放的意见》（以下简称《意见》）正式印发。《意见》再次强调，教育对外开放是教育现代化的鲜明特征和重要推动力，要坚持教育对外开放不动摇。《意见》指出把培养具有全球竞争力的人才摆在重要位置，提高基础教育对外开放水平，培养德智体美劳全面发展且具有国际视野的新时代青少年。此外，《意见》还指出打造“一带一路”教育行动升级版，扩大教育国际公共产品供给，建立中国特色国际课程开发推广体系。[3]这些都为国际教育，特别是基础教育领域的国际

[1] 新华社.习近平出席全国教育大会并发表重要讲话［EB/OL］.（2018-9-10）［2019-9-15］. http://www.gov.cn/xinwen/2018-09/10/content_5320835.htm.

[2] 教育部.中国教育现代化2035［EB/OL］.（2019-2-23）［2019-9-15］. http://www.moe.gov.cn/jyb_xwfb/s6052/moe_838/201902/t20190223_370857.html.

[3] 教育部.教育部等八部门全面部署加快和扩大新时代教育对外开放［EB/OL］. (2020-6-18)(2020-8-13) http://www.moe.gov.cn/jyb_xwfb/moe_2082/zl_2020n/2020_zl33/202006/t20200617_466544.html.

教育未来发展提供了新的政策保障和发展方向。

这一系列自改革开放至今的国家教育政策充分显示了我国对教育开放、教育国际化的重视。其中，“借鉴国际上先进的教育理念和教育经验”“培养大批具有国际视野的国际化人才”“办好若干所示范性中外合作学校和一批中外合作办学项目”等政策从教育资源、教育目标、办学性质等方面证明了国际学校办学的合法性与合理性；“推动我国同其他国家学历学位互认”“深度参与国际教育规则、标准、评价体系的研究制定”等政策为国际学校的发展提供了外部保障，提出了新的要求。可见，随着教育改革的不断深化，扩大教育对外开放将是不变且持续的政策趋势。

2. 政策监管趋严：明确办学与招生资格，杜绝行业乱象

（1）公办学校国际部：政策逐渐收紧

2003年，《中华人民共和国中外合作办学条例》（以下简称《条例》）颁布，其适用对象为“外国教育机构同中国教育机构在中国境内合作举办以中国公民为主要招生对象的教育机构”，指出中外合作办学属于公益性事业，是中国教育事业的组成部分；中外合作办学机构依法享受国家规定的优惠政策，依法自主开展教育教学活动。同时，《条例》对中外合作办学机构的设立、组织和管理进行规范，指出申请设立中外合作办学机构的教育机构应当具有法人资格；中外合作办学的收费项目和标准，依照国家有关政府定价的规定确定并公布。[1]《条例》的颁布给公办学校国际部的设立提供了支持，促

[1] 国务院.中华人民共和国中外合作办学条例［EB/OL］.（2003-2-19）［2019-9-14］. http://www.crs.jsj.edu.cn/news/index/2.

进了公办学校与国外教育机构的合作，满足了学生接受国外教育的需求。

随着公办学校国际部的发展，收费标准不统一、占用公共资源、加剧教育不公平等问题逐渐暴露。[1]2013年，教育部出台《高中阶段国际项目暂行管理办法》，对公办学校国际部的招生、收费、证书颁发等方面予以规范，整治或清理不符合规范的中外合作办学机构。[2]此办法的出台，表明国家对公办学校设立国际部的相关政策的收紧，其主要目的在于解决国际学校办学形式混乱的问题。此后，北京、上海宣布不再审批新的公办高中国际班，浙江、安徽、黑龙江、吉林等地将公办高中国际班的审批权收归到省级。由此，公办高中退出国际班市场已是大势所趋。

（2）民办国际学校：利好政策相伴，政策监管力度不断加强

我国对民办国际学校的政策监管主要根据《中华人民共和国民办教育促进法》展开。《中华人民共和国民办教育促进法》于2002年12月28日在第九届全国人民代表大会常务委员会第三十一次会议上通过，规定民办学校对举办者投入民办学校的资产、国有资产、受赠的财产以及办学积累，享有法人财产权，[3]主要解决了民办学校的营利性问题。有学者指出，《中华人民共和国民办教育促进法》将把我国民办教育事业引入一个依法管理、依法发展的法制化轨道，解决了多年纠缠不休的营利与合理回报问题之间的争执。[4]

2016年11月7日，第十二届全国人民代表大会常务委员会第

[1] 朱茜.2018年国际学校发展现状分析，政策利好民办学校成主力［EB/OL］.（2018-8-13）［2019-9-15］. https://www.qianzhan.com/analyst/detail/220/180813-bdba322b.html.

[2][3] 全国人大常务委员会.中华人民共和国民办教育促进法［EB/OL］.（2003-9-1）［2019-9-15］. http://zjshzz.zjsmzj.gov.cn/info1/infocontent/32329/4397.html.

[4] 胡卫，谢锡美.民办教育促进法：现实与历史的双重选择［J］.教育发展研究，2003（2）：40-43.

二十四次会议通过了《关于修改〈中华人民共和国民办教育促进法〉的决定》，对《民办教育促进法》进行第二次修正。此次修正，实现了民办学校的分类管理，规定了民办学校的举办者可以自主选择设立非营利性或者营利性民办学校，营利性民办学校的举办者可以取得办学收益，学校的办学结余依照公司法等有关法律、行政法规的规定处理。同时，《中华人民共和国民办教育促进法》对民办学校的收费、管理进行规范，指出营利性民办学校的收费标准实行市场调节，由学校自主决定；有发布虚假招生简章或者广告，骗取钱财等行为的民办学校，由县级以上人民政府教育行政部门、人力资源社会保障行政部门或者其他有关部门责令限期改正，并予以警告。[1]同时，《中华人民共和国民办教育促进法》对国际学校的办学、招生、收费等进行严格管理，旨在整治行业乱象，规范办学和招生。

此外，还有一些政策也对民办国际学校的办学和收费进行了规定。2017年1月18日，国务院发布《关于鼓励社会力量兴办教育促进民办教育健康发展的若干意见》，指出民办学校要诚实守信、规范办学，办学条件应符合国家和地方规定的设置标准和有关要求，在校生数要控制在审批机关核定的办学规模内；推进民办教育信息公开，建立民办学校信息强制公开制度；大力推进管办评分离，建立民办学校第三方质量认证和评估制度。[2]此政策为民办国际学校的健康发展设立标准，进一步加强对国际学校办学的管制。

[1] 教育部.中华人民共和国民办教育促进法［EB/OL］.（2016-11-7）［2019-9-17］. http://www.moe.gov.cn/s78/A02/zfs__left/s5911/moe_619/201805/t20180508_335337.html.

[2] 国务院.关于鼓励社会力量兴办教育促进民办教育健康发展的若干意见［EB/OL］.（2017-1-18）［2019-9-17］. http://www.gov.cn/xinwen/2017-01/18/content_5160852.htm.

2017年1月，教育部等三部门发布《营利性民办学校监督管理实施细则》（以下简称《细则》），规定社会组织和个人要举办营利性民办学校所应具备的具体条件，强调学校收费项目与标准应向社会公示30天后执行，不得在公示的项目和标准外收取其他费用，不得以任何名义向学生摊派费用或者强行集资。《细则》指出，社会组织或个人可以举办营利性民办高等学校和其他高等教育机构、高中阶段教育学校和幼儿园，不得设立实施义务教育的营利性民办学校。社会组织或者个人不得以财政性经费、捐赠资产举办或者参与举办营利性民办学校。[1]此政策旨在整治民办学校乱收费的现象，为规范国际学校办学提供政策保障。

总体来看，2016年修订的《中华人民共和国民办教育促进法》实现了民办学校的分类管理，规定了营利性民办学校的举办者可以取得办学收益，为民办国际学校的办学提供政策保障。自此，民办国际学校迎来发展契机，呈现蓬勃发展的状态，成为国际学校众多类型中的主导。与此同时，相关政策也逐渐加强对国际学校办学、招生、收费等的管理，致力于整治行业乱象，促进国际学校健康发展。

3. 重视课程建设：加强对教材的意识形态审查

我国国民教育在义务教育阶段主要通过学校教育实施，学校主要分为公办学校和民办学校，国际学校一般根据其性质纳入公办学校或民办学校范围内；也就是说，国际学校被纳入国民教育体系中，国家对其有监管权。因此，国际学校的课程本质上是我国学校

[1] 教育部.营利性民办学校监督管理实施细则［EB/OL］.（2017-1-5）［2019-9-17］. http://www.moe.gov.cn/srcsite/A03/s3014/201701/t20170118_295144.html.

的课程，要分析国际学校课程政策，应该首先并主要分析国家课程政策。

2017年3月30日，教育部教材局成立。教材局的主要职责：承担国家教材委员会办公室工作，拟订全国教材建设规划和年度工作计划，负责组织专家研制课程设置方案和课程标准，制定完善教材建设基本制度规范，指导管理教材建设，加强教材管理信息化建设。[1]2017年7月3日，国务院办公厅下发通知，为贯彻落实《关于加强和改进新形势下大中小学教材建设的意见》，进一步做好教材管理有关工作，国务院决定成立国家教材委员会，该意见强调：教材建设要坚持党的教育方针，把握正确方向和价值导向，加强社会主义核心价值观和优秀传统文化、民族精神教育，提升教材思想性、科学性、时代性，逐步形成适应中国特色社会主义发展要求、立足国际学术前沿、门类齐全、学段衔接的教材体系。教材委员会的主要职责为：指导和统筹全国教材工作，贯彻党和国家关于教材工作的重大方针政策，研究审议教材建设规划和年度工作计划，研究解决教材建设中的重大问题，指导、组织、协调各地区各部门有关教材工作，审查国家课程设置和课程标准制定，审查意识形态属性较强的国家规划教材。教育部教材局和国家教材委员会的成立，显示了国家对教材编写的重视，由此可见，教材作为课程内容的呈现形式，是教学目标的重要体现，也是教育改革的主要对象。

2018年7月26日，教育部办公厅拟定《教育部办公厅关于开展普通高中开设境外课程情况调研的通知》。教育部办公厅为全面深入了解

[1] 教育部.教育部办公厅关于启用教材局和基础教育司发文代字及新印章的通知［EB/OL］.（2017-3-31）［2019-9-17］. http://www.moe.gov.cn/srcsite/A01/s7048/201704/t20170414_302584.html.

普通高中开设境外课程情况，拟开展专项调研，并要求各厅（委、局）根据调研提纲组织开展本地区调研，并于2018年8月7日前将形成的调研报告报送至教育部。2018年9月，教育部发出通知，对义务教育国家课程教材开展一次全面排查，排查对象包括编写出版单位擅自更改教材内容，学校以校本课程教材、境外课程教材替代国家课程教材等现象。通知要求各地教育行政部门立即对本地区中小学使用的教材进行排查，对以校本课程教材、境外课程教材替代国家课程教材，或使用未经审定的教材等违规违法行为，要坚决予以纠正和清理；各教材编写出版单位也要对自己编写出版的依据2011年版义务教育课程标准修订，经教育部审定通过的国家课程教材进行自查，如果不如实说明情况或有意瞒报的将严肃处理。教育部教材局将组织专家对有更改内容的教材进行研判，提出处理意见。相关编写出版单位要根据教育部的处理意见认真整改，经批准同意后方可继续出版使用。教育部教材局将加强对教材使用的跟踪检查，不定期组织抽查。2019年春季学期开学后，仍存在擅自更改内容的教材必须退出使用；对仍以校本课程教材或境外课程教材替代国家课程教材等违规违法行为，由上级教育行政部门责令限期改正，视情节轻重予以通报批评，并依法对相关责任人进行追责。可见，自2018年以来，国家加强对境外课程教材的考察，排查境外课程教材替代国家课程教材的现象，严格规范普通高中课程。上述政策虽然主要针对义务教育阶段普通学校，但反映了国家对课程的重视，因此国际学校课程对国家课程的重视成为必然趋势。

2019年6月23日，中共中央、国务院印发《关于深化教育教学改革全面提高义务教育质量的意见》。该文件要求："加强课程教材建设。国家建立义务教育课程方案、课程标准修订和实施监测机制，完善教材管理办法。省级教育部门制定地方课程和校本课程开发与实施指南，并建立审议评估和质量监测制度。县级教育部门要加强校本课程监管，构建学校间共建共享机制。学校要提高校本课程质量，校本课程原则上不编写教材。严禁用地方课程、校本课程取代国家课程，严禁使用未经审定的教材。义务教育学校不得引进境外课程、使用境外教材。完善义务教育装备基本标准，有条件的地方可建设创新实验室、综合实验室。”[1]

对上述政策分析可知，我国对国际学校课程建设主要进行两方面的政策管理：其一，增强对国家课程、校本课程的意识形态审查，严格选择教材的标准；其二，增加国家课程在总课程中的占比，提高国家课程的重要性，通过国家课程实现意识形态塑造。总体来看，对于国际学校课程教材的审查趋严成为主要的政策趋势。通过对国家课程呈现内容的意识形态审查，实现课程价值取向的规范化，是课程相关政策的主要内容。因此，国际学校的课程建设不是国家政策的“灰色地带”，同样要遵循国家政策在意识形态、呈现方式等方面的政策规定。

（二）地方政府政策

在国家宏观政策的指导下，我国各省、市、自治区依据当地国际学校发展状况，制定相应政策。

1. 北京：加强教材审查，重视传统文化

从全国范围来看，北京市的国际学校办学时间长、数量多、发展

---

[1] 教育部. 中共中央国务院关于深化教育教学改革全面提高义务教育质量的意见［EB/OL］.（2019-6-23）［2019-9-12］. http://www.moe.gov.cn/jyb_xxgk/moe_1777/moe_1778/201907/t20190708_389416.html.

较完善。与此同时，北京市积极响应国家关于国际学校在办学和课程设置、教材选择等方面的政策，对国际学校严加监管。

2017年2月7日，北京市委教育工委、市教委和市政府教育督导室联合下发2017年工作要点，提出切实加强中华优秀传统文化教育，将诵读、书法、传统艺术等元素融入中小学课程教材体系。该政策为国际学校校本课程的建设提供了指导性意见，不仅丰富了国际学校的课程体系，而且促使国际学校课程中的“中国元素”发挥越来越重要的作用。

2018年8月，北京市教育委员会下发《学校引进教材选用管理办法（征求意见稿）》（以下简称《办法》），要求各区组织相关学校和专家认真研究，提出修改意见，并进行反馈。在教材审查要求上，重点审查引进教材中意识形态属性较强的内容以及涉及国家主权、国家安全、海洋权益、社会安定、民族宗教、重大革命题材和重大历史题材等方面的内容。引进教材在内容上不得违反宪法和法律的规定。同时，中外合作办学机构或项目在教学中使用的讲义、教案等国（境）外教学素材参照本办法管理。外籍人员子女学校引进教材的选用管理，按照相关法律法规执行。可见，《办法》对于教材中意识形态较强的题材进行内容方面的规定，并将中外合作办学机构、外籍人员子女学校的相关教材纳入审查范围，对国际学校的课程设置和教材选择进行了严格的规定。

2. 上海：公办民办学校同时招生，审查国际课程

上海市国际学校的发展同样走在各省、市、自治区前列。在招生方面，2018年2月10日，上海市教委公布了《2018年本市义务教育阶段学校招生入学工作的实施意见》，规定义务教育招生入学工作，

坚持以国家和上海市的有关法律法规为依据，规范学校招生行为为原则，依法保障适龄儿童接受义务教育的权利；公办民办小学实施同步招生，实施民办中小学生招生的规范管理，持续优化入学报名信息管理与服务，继续做好招生入学相关配套工作。“公办民办学校同步招生”的规定是否适用于国际学校仍待进一步探索，但此政策显示了国家对规范国际学校招生的重视，国际学校招生与普通中小学招生同步化成为未来趋势。

在课程审查方面，2016年11月24日，上海市教委召开上海市高中国际课程境外教材审查工作会议。会议颁布了《上海市教育委员会关于进一步加强本市高中国际课程境外教材审查工作的通知》(下称《通知》)。《通知》中明确指出，今后将对上海以“中外融合”课程形式开展国际课程试点的21所国际高中，以及以“拓展型研究型”课程形式开展国际课程的试点高中学校所使用的进口教材进行审查。审查分为“学校自查”和“区级审查”。2019年2月，上海市教育委员会印发了《2019年上海市教育委员会工作要点》的通知，明确了2019年开展高中国际课程班办班年检工作，推进国际课程本土化实施，做好国际课程试点阶段总结。由此可见，上海市对于各种类型学校中开设的国际课程进行严格审查，符合国家严格把控课程意识形态的趋势。

3. 浙江：规范发展民办教育，推动国际学校规范办学

浙江省一直努力推动民办教育良好规范发展。2010年浙江省申报并承担了国家民办教育综合改革试点任务，全省上下形成了良好的改革氛围并积累了丰富的经验。温州市于2011年率先对民办学校实施非营利和营利性分类管理试点，要求坚持系统推进，力求

综合效应。针对民办教育涉及面广、问题错综复杂的状况，明确以“1+X”的形式完善民办教育政策体系，系统推进民办教育改革。以省政府出台的《关于鼓励社会力量兴办教育 促进民办教育健康发展的实施意见》为统领，配套以民办学校变更登记类型实施办法等7个办法，共同构建民办教育综合改革政策体系，力求取得综合效应。要求支持规范并举，彰显内涵发展。在支持发展上，着力从制度上达到保护举办者积极性，提升学校办学活力，促进民办教育持续健康发展的目的。在规范发展上，重点对公办学校在编教师到民办中小学校任职任教、民办学校招生等社会反映集中、群众呼声强烈的问题予以回应，就公办编制教师管理、招生管理、财务运行、信息公开等关键环节提出进一步规范的举措，营造公平健康的发展环境。2018年9月，浙江省财政厅、教育厅发布了《浙江省公共财政扶持民办教育发展实施办法》指出，积极稳妥试点，力求走在前列。浙江省对于民办学校办学招生、教师管理的重视，与国家严格规范各级各类学校办学的趋势相一致，对国际学校规范办学提出了较高的要求。

4. 湖南：公办民办学校同时招生，录取方式有所调整

同上海市及其他部分城市一样，湖南省长沙市于2019年开始实施公办民办学校同时招生，微机派位和自主招生相结合的方式录取。2019年1月18日，长沙市教育局召开城区民办学校初中招生工作政策宣讲会，对新的招生政策进行介绍。首先是改革招生录取方式，按照《中华人民共和国义务教育法》免试入学要求，长沙市城区民办和公办初中学校招生同步进行，实行微机派位和自主招生相结合的方式录取。每一位小学毕业生可同时填报一所公办学校志愿

和一所民办学校志愿；其中公办学校志愿为必填项，民办学校志愿为可填项。学生在填报民办学校志愿时，必须选择公办学校志愿优先还是民办学校志愿优先。民办学校与公办学校微机派位同步进行。教育行政部门保障为每个符合条件的小学毕业生提供一个公办初中学位。微机派位后民办初中开始自主招生。城区学籍及外地回长沙市的小学毕业生已被公办学校提前招生录取、选择公办学校优先并已派中、自愿填报选择民办优先并已派中的，均不再参加民办学校的自主招生。统一微机派位后，民办学校开展城区学籍及外地回长小学毕业生的自主招生工作。学生（家长）微机派位未派中志愿填报学校，仍需选择到民办学校就读的，可到相应民办学校参与自主招生，民办学校确定录取时，须与学生（家长）签订《自主招生承诺书》，报教育行政部门审批。凡通过微机派位方式录取的，由市教育局根据派位结果直接录取。凡通过自主招生方式录取的，民办学校凭学生（家长）签订的《自主招生承诺书》，向市教育局上报自主招生预录名单。市教育局根据《自主招生承诺书》，审核最终录取结果。此政策目前未影响到国际学校的招生，但势必为国际学校招生的规范化提供发展方向。

5. 海南：政策利好，促进国际学校蓬勃发展

2018年5月16日，海南省教育厅发布了《关于教育项目招商的意见征集函》（以下简称《意见征集函》）。《意见征集函》指出："国际学校指的是以中国公民为主要招生对象，以出国留学为目的学校，涵盖幼儿园、小学、初中、高中；外籍人员子女学校指的是招收外籍子女的学校。可以'两块牌子，一套人马'，合并办学。"由此可见，海南省的合并办学模式为国际学校的蓬勃发展提供了政策支持。

（三）政策背后的价值导向分析

1. 坚定文化自信，强化国家身份认同

有学者指出，迄今为止，全球化运动一直是由西方资本主义国家主导的，其凭借经济、军事和科技方面的强大优势，把非西方国家强行纳入其价值体系。[1]随着我国综合国力的增强和文化的繁荣发展，我国追求各民族文化之间的平等交流，同时追求中华民族文化在世界文化中合法地位的建立。

文化对一个民族的重要性不言而喻。以开放的态度合理接纳其他民族优秀文化，实现各民族和谐共存，其首要前提和基础是坚定和坚持本民族文化自信，坚定本民族文化的主导地位，不断提升文化竞争力，以积极姿态与其他文化平等对话。习近平在党的十九大报告中指出："文化是一个国家、一个民族的灵魂。文化兴国运兴，文化强民族强。没有高度的文化自信，没有文化的繁荣兴盛，就没有中华民族伟大复兴。要坚持中国特色社会主义文化发展道路，激发全民族文化创新创造活力，建设社会主义文化强国。"[2]因此，在全球化浪潮中，我们必须树立文化自信，而这一过程需要我们找到文化内核。对此，习近平指出："中国特色社会主义文化，源自中华民族五千多年文明历史所孕育的中华优秀传统文化，熔铸于党领导人民在革命、建设、改革中创造的革命文化和社会主义先进文化，植根于中国特色社会主义伟大实践。发展中国特色社会主义文化，就是以马克思主义为指导，坚守中华文化立场，立足当代中国现实，结合当今时代条件，发展面向现代化、面向世界、面向未来的，

[1] 汪信砚.全球化中的价值认同与价值观冲突［J］.哲学研究，2002（11）：22-26.
[2] 习近平.决胜全面建成小康社会　夺取新时代中国特色社会主义伟大胜利［N］.人民日报，2017-10-19（002）.

民族的科学的大众的社会主义文化，推动社会主义精神文明和物质文明协调发展。要坚持为人民服务、为社会主义服务，坚持百花齐放、百家争鸣，坚持创造性转化、创新性发展，不断铸就中华文化新辉煌。”[1]

中国特色社会主义文化包含了中华优秀传统文化和社会主义先进文化，实现其发展和繁荣的最重要手段就是教育。因此，国家制定一系列政策，通过在课程和教材中体现中华优秀传统文化和社会主义先进文化相关内容，实现学生对中国特色社会主义文化的认同，促进文化的发展。同样，对课程意识形态的审查和内容的规定，旨在使学生形成对中华民族文化的认同和自信，成为在民族文化影响下具有民族文化特质的个体，形成“文化自觉”，进而在多元文化激荡的世界环境中，成为拥有文化内涵、具有国际竞争力的人。

2. 重视对外开放，促进国际化发展

当今世界，全球化和信息化成为影响包括教育在内的各领域的两股重要浪潮。所谓全球化，是指人类从以往各个地域、民族和国家之间彼此分割的状态走向联系不断增强的全球社会的变迁过程。这个变迁过程从哥伦布发现新大陆起，由地域和贸易上的联系逐渐扩展为对社会各个层面的影响。正如学者所言，全球化既指世界的压缩，又指世界整体意识的增强。全球化过程的一个重要特点是，社会在某些方面呈现趋同化和一体化，而这种趋势在经济和技术领域尤为明显。在技术领域的趋同化，使得当今世界成为信息化社会。所谓信息化，是指培养、发展以计算机为主的智能化工具为代表的新生产力，并使之造福于社会的历史过

[1] 习近平.决胜全面建成小康社会　夺取新时代中国特色社会主义伟大胜利［N］. 人民日报，2017-10-19（002）.

程。有学者提出，教育信息化在技术层面上有四个特点，分别是数字化、多媒化、网络化、智能化。这其实也能够用来概括社会各领域信息化的特点。总而言之，信息化是科学技术发展至今的一种必然趋势，它既是全球化的产物，也是全球化发展的推动力。在这两股相互作用的浪潮影响下，世界各国均不同程度地作出对外开放的举措。一方面，全球化提出了对外开放的要求，因为只有顺应潮流而动，才能不落后于全球一体化进程；另一方面，信息化为对外开放提供了技术支持，通过现代通信、网络、数据库等技术，人们逐渐实现了超越时空限制的互动与交流。

因此，重视教育对外开放，本质上来讲是国家在全球化和信息化趋势下的必然选择。但这种选择并非被动，而是体现了我国对于世界多元文化的开放和包容。全球化趋势不仅意味着某些领域中的趋同，还必然包含各种价值观的冲突，以及在冲突之后形成的平衡——多元文化主义。在这种趋势下，我国以开放姿态积极学习其他民族优秀文化，求同存异、和而不同，并促成各文化之间的交流，以期获得文化的繁荣发展。习近平在党的十九大报告中提出了“人类命运共同体”的概念，指出：“中国人民的梦想同各国人民的梦想息息相通，实现中国梦离不开和平的国际环境和稳定的国际秩序。必须统筹国内国际两个大局，始终不渝走和平发展道路、奉行互利共赢的开放战略，坚持正确义利观，树立共同、综合、合作、可持续的新安全观，谋求开放创新、包容互惠的发展前景，促进和而不同、兼收并蓄的文明交流，构筑尊崇自然、绿色发展的生态体系，始终做世界和平的建设者、全球发展的贡献者、国际秩序的维护者。”

因此，在教育对外开放相关政策的背后，不仅是全球化和信息化必然趋势影响下的主动选择，而且体现了我国开放、包容的心态和追求各文化平等、和谐共存的价值导向。

三、中国国际学校课程建设的现状调查

（一）总体状况

项目组以学校为单位共发放128份问卷，回收有效问卷104份，共覆盖25个省、市、自治区，其中位于东部地区的样本学校67所、中部地区15所、西部地区22所。

样本中共62所学校属于建校时间不到10年的年轻学校，占总体样本数的59.6%，其中有30所国际学校还没有完成一个完整的学生培养周期，占总样本数的28.8%，属于发展初期的新学校。

以学生培养的周期时长（三年）为划分标准，项目组根据引入国际课程的时长将各国际学校划分为以下类型：尚未引进国际课程（0年），新引进国际课程（1—3年），拥有稳定的国际课程（4—9年），拥有成熟的国际课程（10—18年），拥有老牌的国际课程（19年以上）。如图3–1所示，当前我国国际学校中国际课程的引入时间普遍较短，其中85

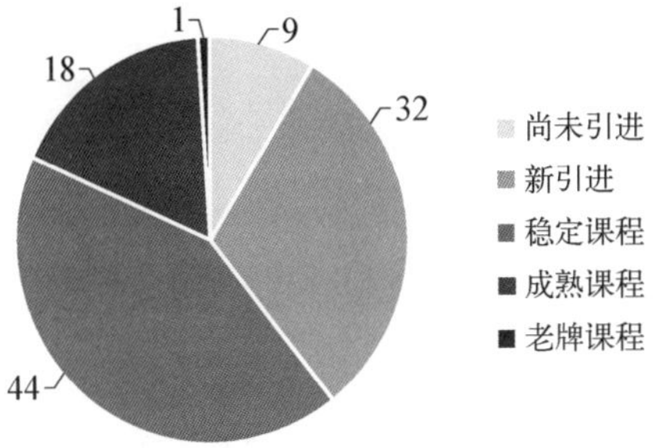

图3–1　国际课程引入时长类型统计图（单位：所）

所学校国际课程的引入时间在10年以下，占总样本数的81.7%，而拥有超过18年引进国际课程经验的学校仅有1所。

项目组对国际学校的类型进行了以下划分：民办国际学校、公办学校国际部、外籍人员子女学校和其他学校类型。民办国际学校是样本学校中最主要的类型，共有74所，占总样本数的71.2%；13所样本学校类型为公办学校国际部，占总样本数的12.5%；其他类型的学校共13所，其主要包括民办学校的国际部、双语学校等，也有个别学校对自身学校类型定位不清晰，不确定自身到底属于哪类学校。

在学校规模上，项目组以50人为割点将样本学校的规模划分为以下三类：小规模（学生规模不超过50人）；中规模（学生人数超过50人但不超过200人）；大规模（学生人数超过200人）。由图3-2可见，40.3%的样本学校接收学前阶段的学生，其中12所学校的学前教育学生人数达到了大规模水准。有66.4%的样本学校招收小学阶段的学生，其中51所样本学校接纳的小学学段学生人数达到大规模水

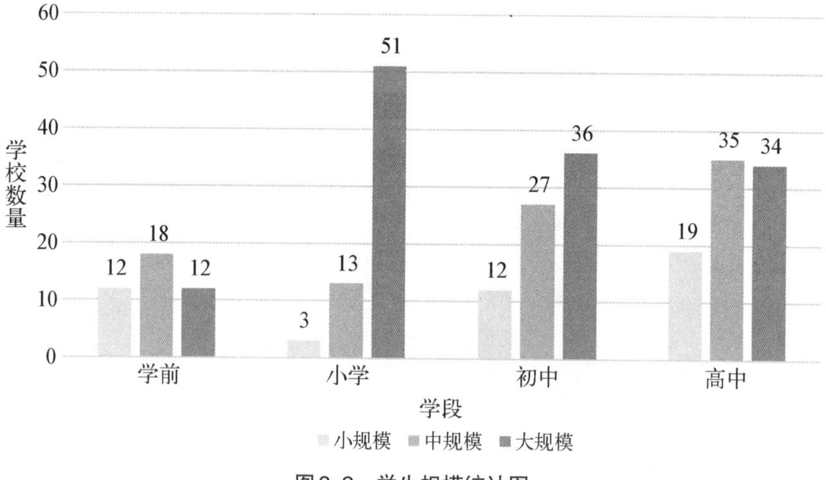

图3-2　学生规模统计图

平，为四个学段中大规模办学学校数量的最高值。初中阶段，72.2%的样本学校接收初中生，中、大规模的学校有63所。在高中阶段，84.7%的样本学校中接纳高中学段的学生，中、大规模的学校数量上升到69所。

总体来看，随着学段的升高，接收该学段学生的学校数量也随之升高。共有42所学校接收学前教育阶段学生，67所学校接收小学学段学生，75所学校接收初中生，到了高中阶段，104所样本学校中有88所接收高中生。此外，仅从基础教育阶段来看，随着学段的上升，小规模办学的学校数量在增加。在小学学段，仅3所学校属于小规模办学；初中阶段，小规模办学的学校数量上升到了12所，到了高中阶段，小规模办学的学校数量进一步上升到了19所。

项目组以学校作为基本单位分析境外学生分布情况，以国际学校中的境外学生人数总和除以学校总人数得到的境外学生率作为分类依据，将样本学校分为四类：无境外学生（境外学生率为0%），有个别境外学生（境外学生率小于5%），有较少境外学生（境外学生率5%—20%），有较多境外学生（境外学生率大于20%）。由图3-3可知，65所样本学校没有或只有个别境外学生，占总样本数的62.4%。由此可见，当前本土学生已成为我国国际学校主要的主要服

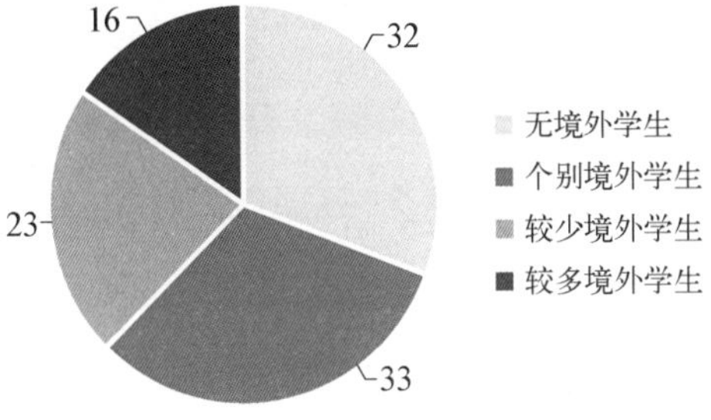

图3-3　国际学校中非内地学生人数类型分布表（单位：所）

务对象。

（二）课程目标方面

课程目标是国际学校教育观与学生观的缩影，是其教育理念在课程选择、课程设计与实施中的具体化。研究中对样本国际学校的课程目标进行仔细分析，通过提取关键词和频数统计，形成词云，具体见图3–4。104所样本国际学校中，有83所学校在课程目标中明确提出了要培养什么人，其中主要聚焦于培养“全球公民”“国际化人才”，多数学校也提到培养“领袖精英”，少数学校谈及培养“终身学习者”和“中国人”。“中国情怀”和“国际视野”也是被频繁提及的。

图3–4　国际学校课程目标词云

由图3–5可知，近40%的样本国际学校着力于培养“全球公民”，更加看重学生作为未来国际社会一员所要承担的责任与使命。20%的国际学校主张培养“国际化人才”，约19%定位于培养“领袖精英”，侧重于学生面对国际化趋势，成为社会精英所应具备的素养与能力。此外，约有14%的学校从学生自身发展出发，引导学生成为“终身学习者”，剩余10%左右的国际学校提出要培养“中国人”，旨在引导学生在国际化环境中勿忘根本。

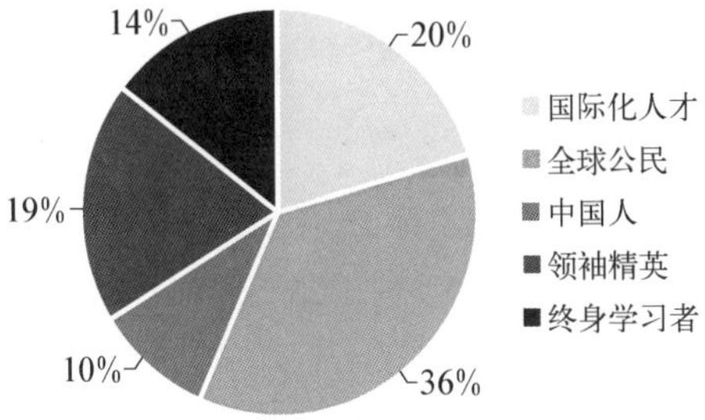

图3-5　国际学校课程目标中的人才定位

（三）课程结构方面

在数据收集中，国际课程在校本课程中的比例是根据调查对象主观估测得到的大致数据。因此，项目组根据人的思维习惯划分了以下两种国际课程的比例类型：国际课程为辅（国际课程占总课程比例的1%—50%），国际课程为主（国际课程占总课程比例的51%—100%）。

由图3-6可得，在学前、小学和初中学段，样本学校中普遍以本国课程为主体，国际课程处于辅助地位（国际课程为辅的学生比例分

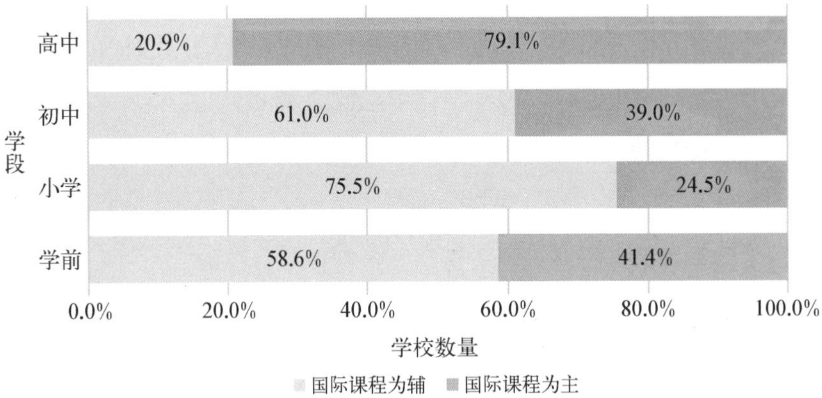

图3-6　各学段国际课程结构比例统计图

别为58.6%、75.5%、61.0%）。在高中阶段，样本学校普遍以国际课程为课程主体（国际课程为主的学校比例为79.1%），其中有38所学校的课程体系中，国际课程占100%。

（四）课程内容方面

如图3-7所示，样本学校中共有77所学校开设了国家课程中规定的“三科”课程，即语文、历史、道德与法治），占总样本数的74.0%，其余26.0%的学校未开设国家课程中规定的“三科”课程。

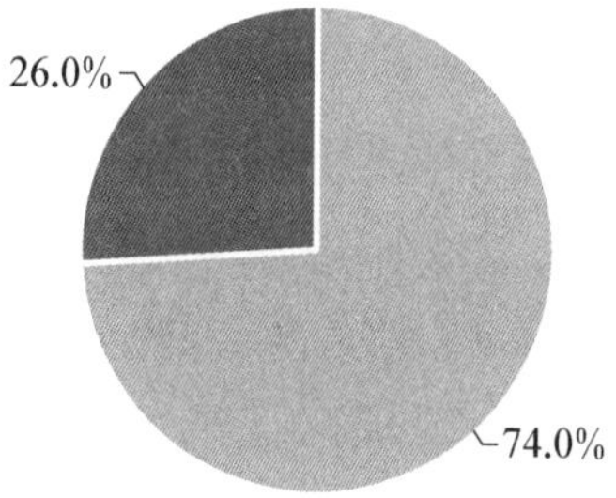

图3-7　国际学校开设国家规定的“三科”课程情况

在开设相关课程中的学校中，项目组对“三科”课程在各学段覆盖的年级进行统计（具体见图3-8）。其中在小学学段，共48所学校在全部年级开设语文课程，占小学样本总数的71.6%；共25所学校在全部年级开设历史课程，占小学样本总数的37.3%；共40所学校在全部年级开设道德与法治课程，占小学样本总数的59.7%。初中阶段，共40所学校在全部年级开设语文课程，占初中学校总数的53.3%；共49所学校在全部年级开设历史课程，占初中学校总数的65.3%；共42所学校在全部年级开设道德与法治课程，占初中学校总数的56.0%。在高中学段，共41所学校在全部年级开设语文课程，占高中学校总数的46.6%；共35所学校在全部年级开设历史课程，占高中学校总数的

39.8%；共34所学校在全部年级开设道德与法治课程，占高中学校总数的38.6%。

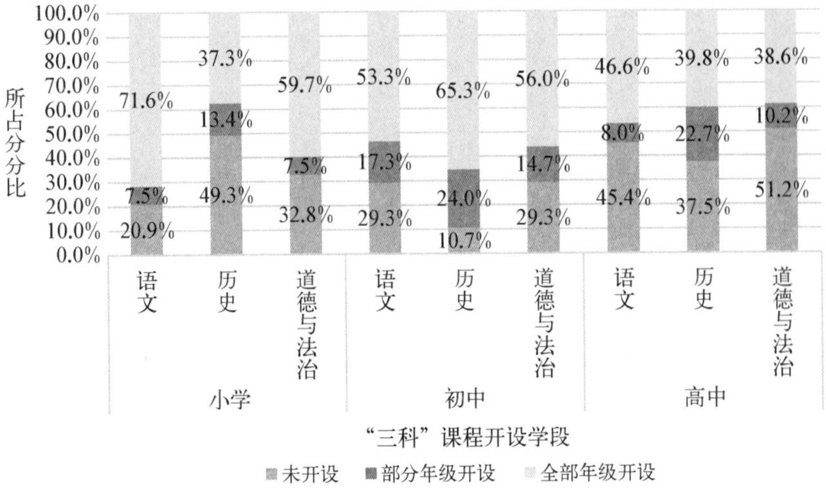

图3-8 “三科”课程覆盖学段情况

在周课时方面，如图3-9所示：44所学校开设语文课程周课时数在4—6课时区间内，占总体样本数的42.3%；53所学校历史课程开设

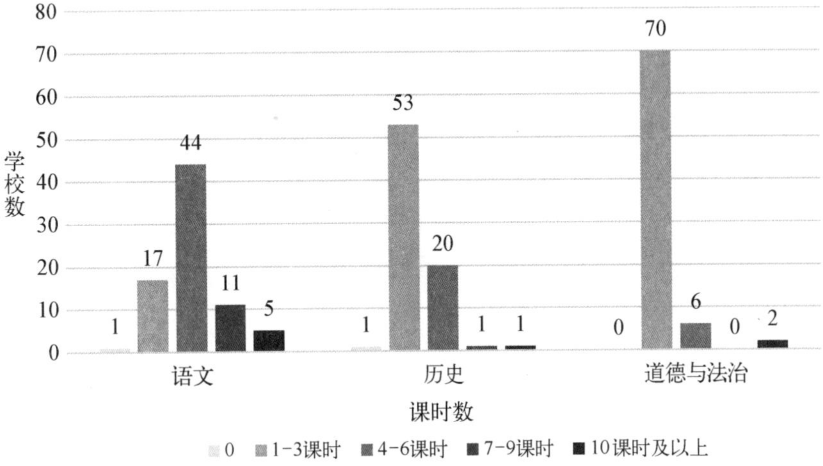

图3-9 “三科”课程开设周课时数统计图

周课时数为1—3课时，占总体样本数的68.8%；70所学校道德与法治课程周课时数为1—3课时，占总体样本数的90.9%。

此外，项目组列举了国际学校开设频率较高的7种国际课程类型：IB课程、英系课程、美系课程、IMYC/IPC、澳大利亚课程、加拿大课程，并结合实践的具体情境增设了“其他”选项。在数据收集中，调查对象根据自身情况以多选形式选择该学校开设的课程。由图3-10可知，在样本学校开设的课程中，IB课程、英系课程和美系课程开设数量偏多，开设这三类课程的学校数量在每个学段中均超过10所。其中，IB课程在小学与初中开设数量相对较多，达到18所；英系课程分别有11所和15所；美系课程分别有11所和17所。高中阶段开设最多的是英系课程和美系课程，分别达到40所与49所，IB课程有16所。

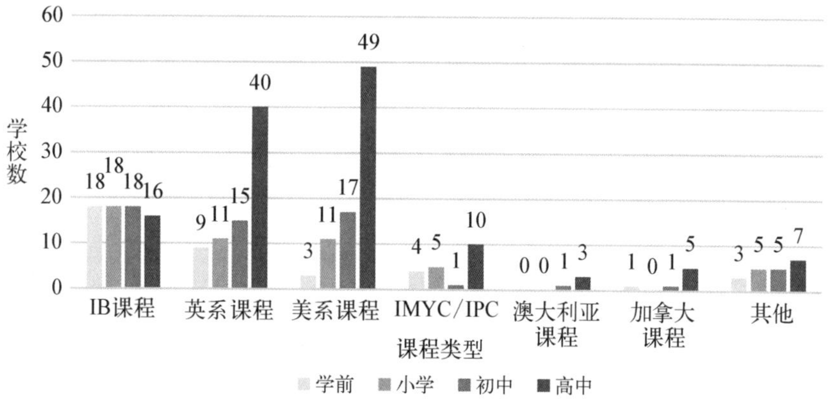

图3-10　不同学段开设国际课程的类型统计图

项目组采用开放式问题的方式对样本学校自主开发特色课程的情况进行调查，发现63所学校采用自主开发的特色课程，占总体样本数的60.6%。如图3-11所示，开发文化艺术类（如茶艺、西方艺术等）自主课程的学校数量最多，达到23所，占总样本数的27.1%；共有22所学校自主开设科学技术类特色课程，占总样本数的25.9%，这些科学技术课程以STEM课程、编程为主；自主开发运动类课程的学校有17所，占总样本数的20.0%；共有18所学校自主开发的特色课程种类达三种以上，占开设自主课程学校总数的28.6%。

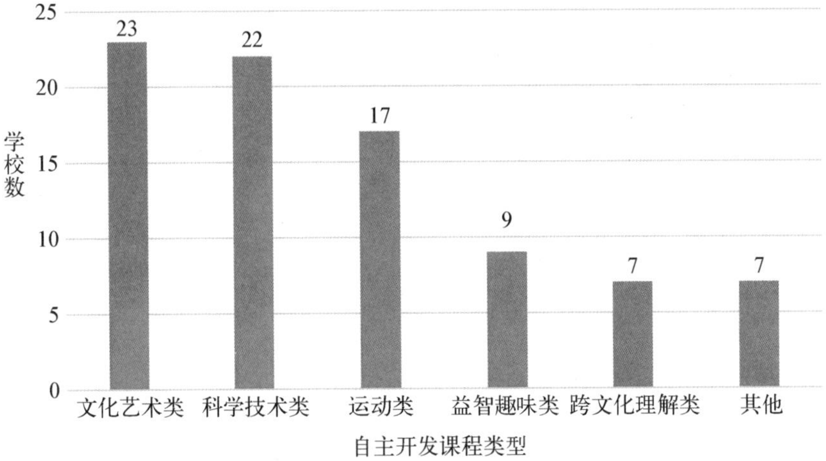

图3-11　国际学校自主开发的成熟的特色课程类型分布

（五）课程实施方面

项目组对样本学校的编班方式做出以下划分：固定班级、走班制、固定编班与走班相结合。由图3-12可得，59所样本学校采用灵活的固定编班与走班相结合的编班方式，占总样本数的56.7%。选用

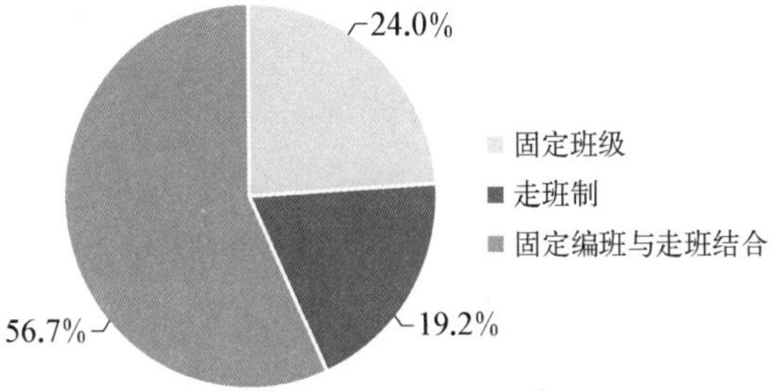

图3-12　国际学校编班方式统计图

固定班级和走班制的学校数量相近，分别为25所和20所，分别占总样本数的24.0%和19.2%。

如图3-13所示，共有73所样本学校在正常教学时间内（三点半后课外活动除外）实施必修课与选修课相结合模式，占总体样本数的70.2%。在学校开设的必修课方面，共有52所学校开设1—20门必修课，占实施必修课与选修课相结合模式学校总数的71.2%。其中，36所学校开设1—10门必修课，占比约50%。较少数学校开设超过20门必修课，8所学校开设超过40门必修课，占比11.0%（具体见图3-14）。从图3-15可知，在选修课方面，共有44所学校开设1—20门选修课，占实施必修课与选修课相结合模式学校总数的62.9%，近30%的学校开设了超过20门选修课，其中6所学校的选修课数量高达100门。

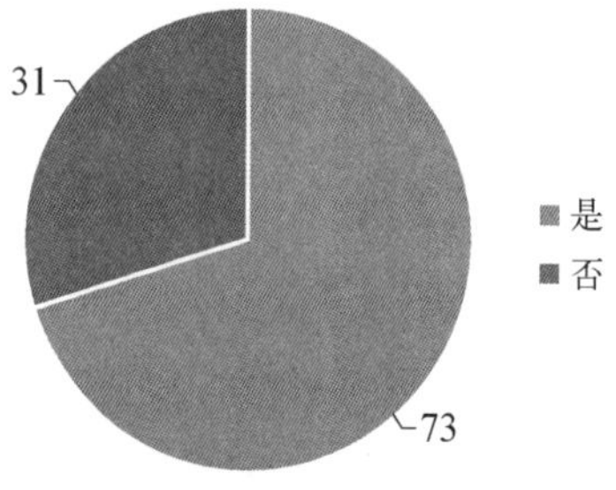

图3-13　国际学校选课制实施统计图（单位：所）

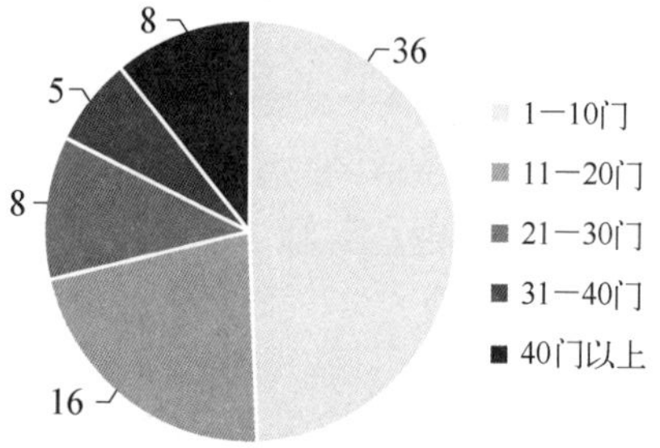

图3-14　国际学校开设必修课数量百分比统计图（单位：所）

在教学语言上，如图3-16所示，有78所学校明确要求使用外语授课，占总体样本的75.0%，且这些“明确要求使用外语授课”的学校均将英语作为首选的外语授课语种。此外，在明确规定使用外语授课的学校中，约有15.4%的学校除了使用英语之外，同时选择其他语种（如法语、德语、日语、西班牙语等）作为外语授课使用语种。由图3-17可知，在明确要求外语授课的学校中，有25所学校外语授

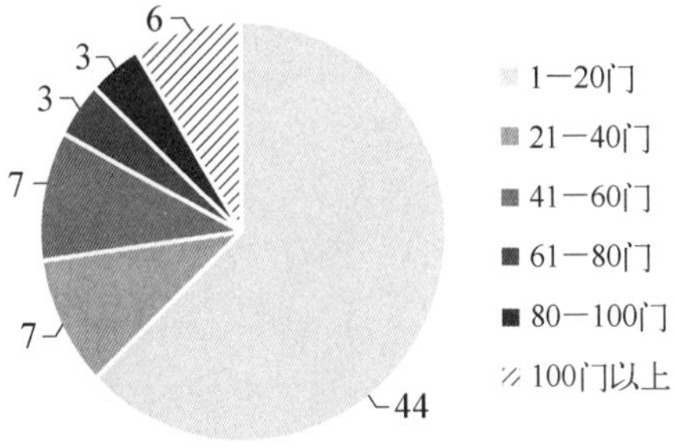

图3-15　国际学校开设的选修课数量百分比统计图

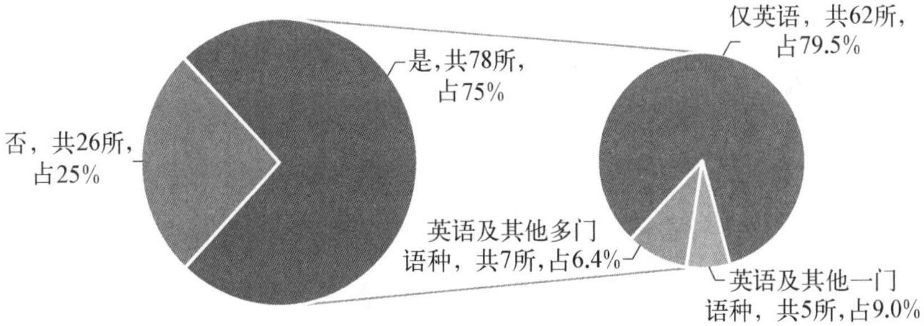

图3-16　国际课程中是否明确使用外语授课情况

课比例为80%—100%，占总样本数的24.0%，其中12所样本学校为100%外语授课。

师生比是衡量一所学校师资保障的重要标准。师生比越高，说明师资相对于学生人数来说越充足。项目组参考国家标准，将师生比划分为以下三个级别：低师生比（小于1∶15）、中师生比（大于1∶15但小于1∶7）、高师生比（大于1∶7）。如图3-18所示，67.3%的样本学校都能保持大于等于1∶7的高师生比，这反映了我国国际学校普遍拥有足够的能力与条件保证教师的数量，维持较高的师生比。

外籍教师是国际课程实施和学生发展的重要条件，几乎所有样本学校都聘用了外籍教师。但外籍教师与学生的比例呈现出较复杂的差异，这里将外籍教师数量与学生数量这一师生比分为四种情况：超低

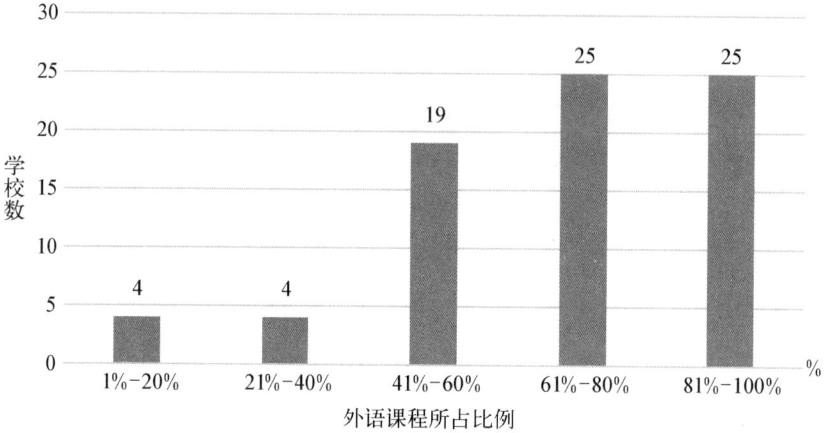

图3-17 外语授课课程比例

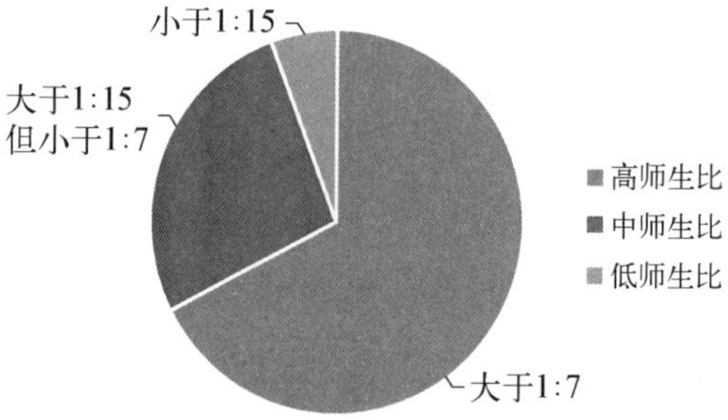

图3-18 国际学校师生比类型统计图

（小于1 ： 100）、低（大于1 ： 100但小于1 ： 30）、中（大于1 ： 30但小于1 ： 7）、高（大于1 ： 7）。同理，比例数值越大，师生比越高，则外籍教师数量相对于学生数量而言越多，证明外籍教师师资充足；反之，则外籍教师师资不足。

由图3-19可知，50.0%的样本学校外籍教师与学生数量之比小于1 ： 30，也就是说，1个外教平均至少要面对超过30名学生。其中，29所学校的这一师生比小于1 ： 100，意味着1名外教平均要面对超过100名学生。这反映出当前被调查的国际学校普遍存在外籍教师

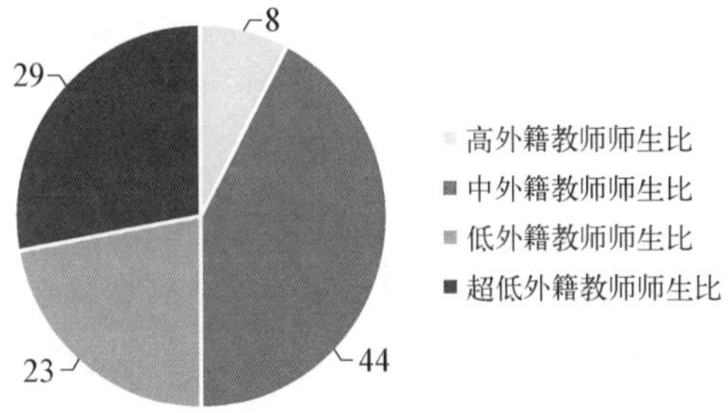

图3-19　国际学校外籍教师师生比类型统计图

人数不足的问题。但是，也有8所学校外籍教师与学生数量之比大于1∶7，意味着平均每7名及以下的学生就拥有1名外籍教师。这说明也有少数学校外籍教师数量充足，能够保持较高的师生比。

在教师的教学行为方面，我们将采取不同鼓励行为的教师数量分为三种程度：一般、比较多、很多。“很多”代表采取某种鼓励行为的教师数量大。从图3-20可知，国际学校教师整体上能够对学生进行积极鼓励，75%以上学校的教师对学生的鼓励处于“比较多”和“很

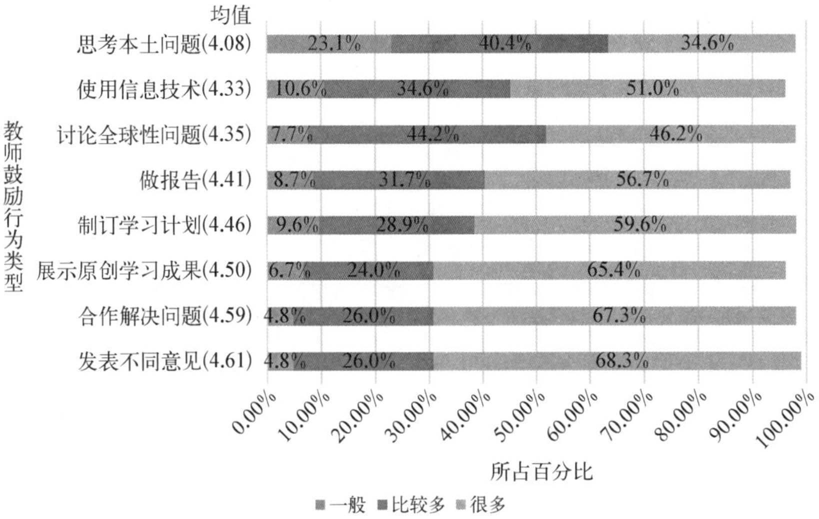

图3-20　教师采用相对应的鼓励行为的数量比例图

多”的程度。其中71所学校的教师鼓励学生发表不同意见的比例处于“很多”的程度，占总样本数的68.3%，同样有70所学校的很多教师鼓励学生合作解决问题，这一比例占总样本数的67.3%。相对而言，鼓励学生思考本土问题的教学行为较弱。

分析还发现，不同性质学校的教师行为表现也有所不同。具体来看，外籍人员子女学校的教师在鼓励学生方面都表现得非常积极，其总得分显著高于民办国际学校和公办学校国际部的教师。民办国际学校的教师在鼓励学生方面的得分次之，公办学校国际部的教师在这方面表现得较为不足，尤其是在鼓励学生思考本土问题和讨论全球性问题上仍有较大的提升空间（具体见图3-21）。

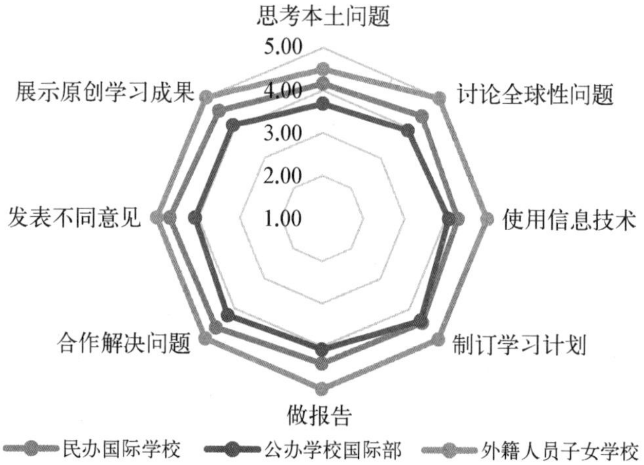

图3-21　不同性质国际学校的教师鼓励学生行为情况

同时，教师对学生的鼓励行为并不因学校办学时长而产生显著性差异（如图3-22所示）。但是，建校时间较短的新学校及发展中学校的教师，更倾向于在教育教学中引导学生发表不同意见以及讨论原创性问题，成熟学校的教师则更加注重鼓励学生使用信息技术

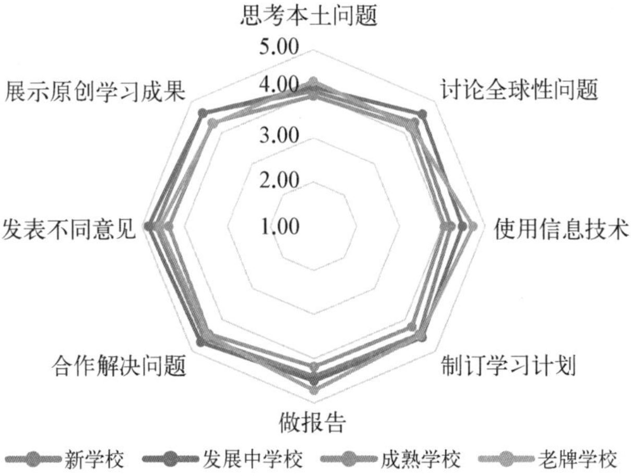

图3-22　建校时间不同的国际学校的教师鼓励学生行为情况

辅助学习，鼓励学生用口头语或书面的方式作报告。

另外分析还发现，外籍教师师生比不同的学校在教师行为上没有显著差异。如图3-23所示，除了外籍教师师生比小于1∶100的学校，其教师在思考本土问题、讨论全球性问题、使用信息技术、制订学习计划、展示原创学习成果方面表现不足外，其余外籍教师师生比的学

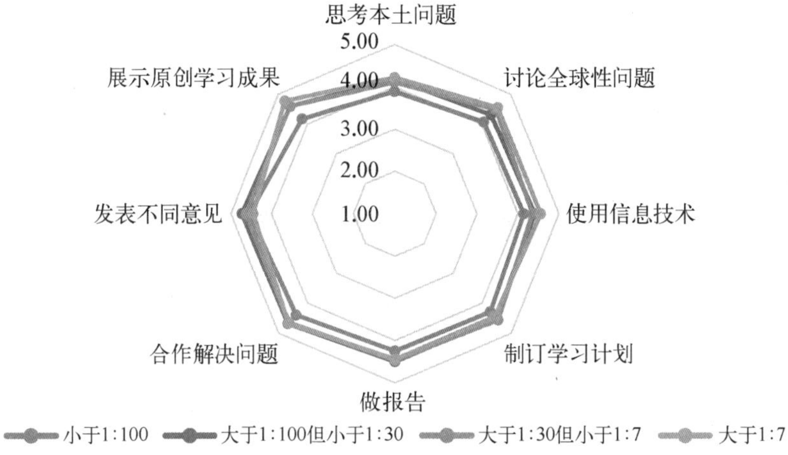

图3-23　不同外籍教师师生比学校的教师鼓励学生行为情况

校，无论是大于1：1：00但小于1：30、大于1：30但小于1：7或是大于1：7，其学校教师在教师行为上的差异不大。

项目组列举了国际学校常采用的四种教学方法——实验法、讲授法、讨论法和小组合作法，以多选的形式询问样本学校对不同教学方法的使用情况。如图3-24所示，样本学校经常采用的教学方法包括讲授法、讨论法和小组合作法，其中，小组合作法是使用最多的教学方法，共90所学校选择主要采用小组合作法，占总样本数的86.5%；共81所学校选择讲授法为主要教学方法，占总样本数的77.9%；共75所学校选择讨论法作为其主要的教学方法，占总样本数的62.1%；实验法的使用则相对较少，44所学校采用以实验法为主要教学方法，占总样本数的42.3%。

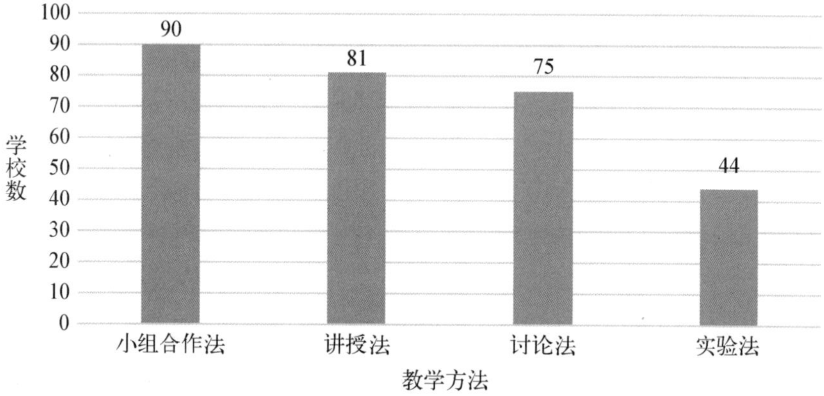

图3-24　国际学校主要教学方法统计

分析发现，建校时间不同的学校教师在经常使用的教学方法上不存在显著性差异。如图3-25所示，在教育教学中，讲授法与小组合作法是各类国际学校较常使用的教学方法。其中老牌国际学校更多地通过讲授法开展教学，而新学校则更为普遍地开展小组合作教学。

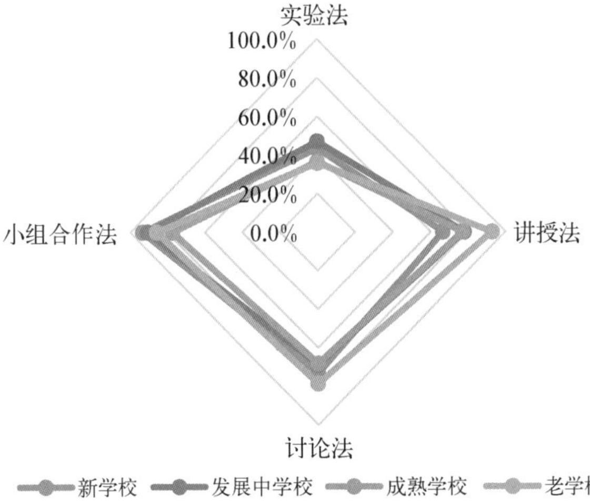

图3-25　不同办学时长国际学校教学方法使用情况

分析发现，学校性质不同的教师在经常使用的各种教学方法上不存在显著性差异。如图3-26所示，所有样本公办学校国际部均运用讲授法开展教学，使用小组合作或讨论法开展教学则相对较少。外籍人员子女学校更为普遍地开展实验法和小组合作教学。民办国际学校开

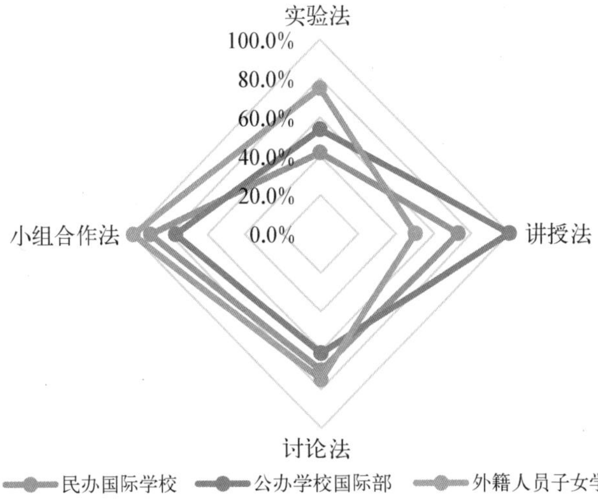

图3-26　不同办学性质国际学校教学方法使用情况

展实验教学的比例相对较低。

分析发现，不同师生比类型的学校教师在经常使用的教学方法上表现不同（如图3–27所示）。具体来看，高师生比学校更多采用小组合作和实验法进行教学，与其他类型学校教师存在显著差异。而中、低师生比学校更为普遍地采用讲授法和讨论法。同样，高师生比学校中的学生也更多地采取自主、合作等学习方式进行课内外知识学习与能力培养。

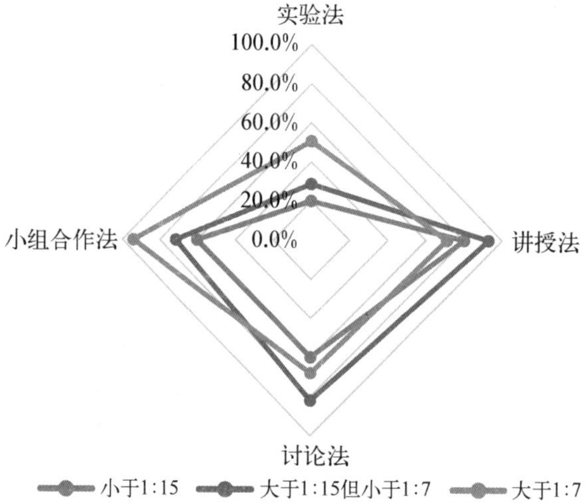

图3–27　不同师生比国际学校教学方法使用情况

项目组列举了国际学校经常采用的四种课堂教学模式——讲授式教学、探究式教学、主题教学和项目学习教学，以多选的形式询问样本学校对这些方法的使用情况。由图3–28所示，92所样本学校使用探究式学习作为经常使用的课堂教学模式，占总样本数的88.5%，项目学习教学、讲授式学习及主题教学的使用情况相似，分别有68所、66所、62所学校选择此类教学模式，占总样本数的65.4%、63.5%、59.6%。

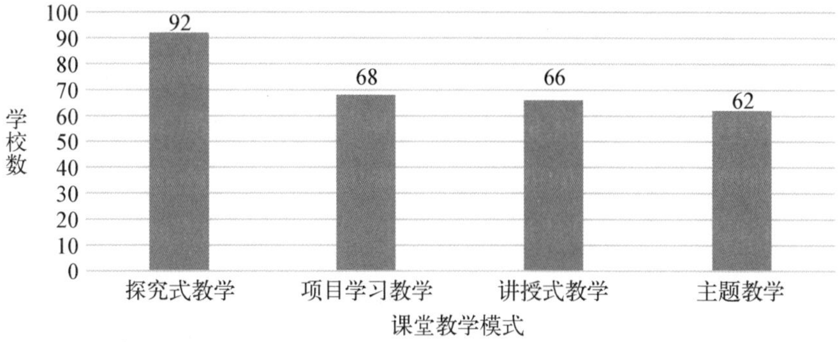

图3–28　国际学校主要课堂教学模式统计图

项目组列举了三种常见的学生学习模式——自主、合作和探究，以多选的形式询问样本学校学生学习模式的情况。如图3–29所示，样本学校对三种列举出的学生学习方式都很重视，三个选项都得到85.0%以上的选择率。其中，自主学习是最多学校采用最多的学生学习方式，共98所学校选择了自主学习方式，占总样本数的94.2%，共96所学校选择了合作学习方式，占总样本数的92.3%，共91所学校选择了探究学习方式，占总样本数的87.5%。

项目组列举了四个国际学校课程融合与开展中常遇见的挑战——

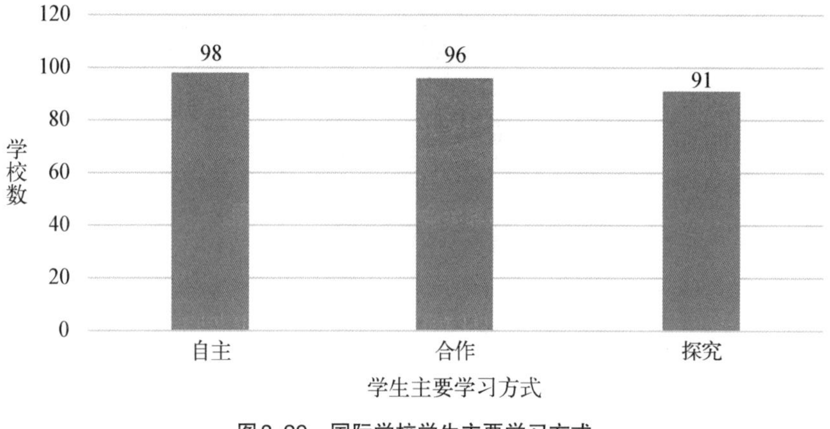

图3–29　国际学校学生主要学习方式

课时不够，教师的语言障碍，对课程内容的深入把握，对异文化和思维方式的理解（文化异质）。数据收集中，项目组要求调查对象对这四者进行排序，以考察五种挑战对国际学校课程融合与开展的影响程度。其中，1分表示“最不重要”，3分表示“一般”，5分表示“最重要”。

由图3-30可知，文化异质被认为是课程开设面临的最大挑战。68.5%的被调查学校（71所）认为这是重要的或非常重要的挑战，排序平均分为3.83，在四个因素中位列最高。其次是内容把握，其排序平均分为3.71，略低于文化异质的排序平均分，有42所学校认为内容把握的困难是课程开展与融合过程中面对的最大困难。语言障碍和课时不够的排序平均分分别是3.16和3.08，相比文化异质和内容把握对于国际课程的融合与开展带来的挑战较小。另有11所被调查学校列举了国际课程开展与融合中面临的其他挑战，其中主要包括：家长的高期待与急要求，学生的语言水平与学习能力分层复杂，师资水平，经

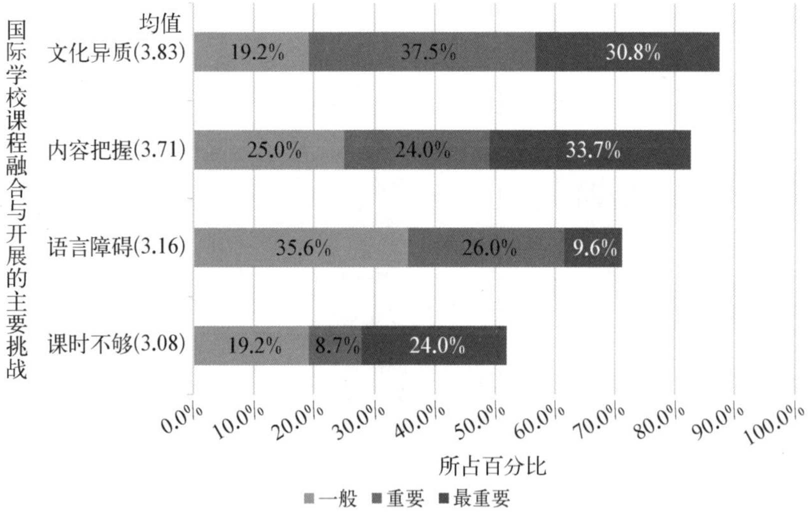

图3-30 国际学校课程融合与开展的主要挑战难度排序统计图

费与资源支持等。

分析发现，建校时间不同的学校在面对课程融合与开展中常遇到的挑战方面不存在显著性差异。如图3-31所示，建校时间较长的老牌学校认为，课时不够带来的挑战相对更大。除老牌学校以外，建校时间较短的学校则更多地认为文化异质是当前面临的最大挑战。

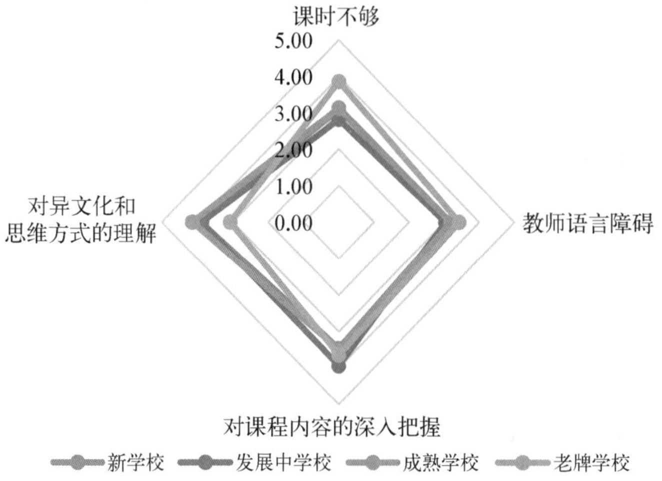

图3-31　不同办学时长的国际学校在课程融合与开展中面临挑战的情况

分析发现，不同办学性质的国际学校在面对课程融合与开展中常遇到的挑战方面不存在显著性差异。如图3-32所示，各类学校均认为文化异质和内容把握是当前学校面临的最大挑战。相对而言，外籍人员子女学校和民办国际学校更在意文化异质对教育教学的影响，而公办学校国际部则把内容把握放在首位。

（六）课程资源方面

在课程资源重要程度上，如图3-33所示，93所学校将教学大纲看作重要的课程资源，占总样本数的89.4%，其重要程度得分均值为

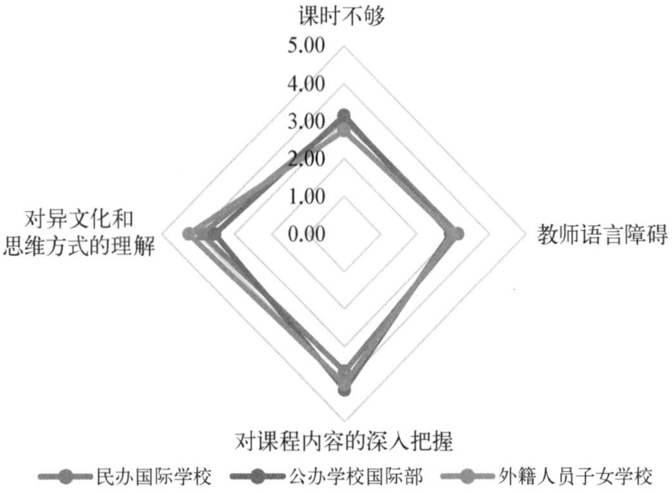

图3-32　不同办学性质的国际学校在课程融合与开展中面临挑战的情况

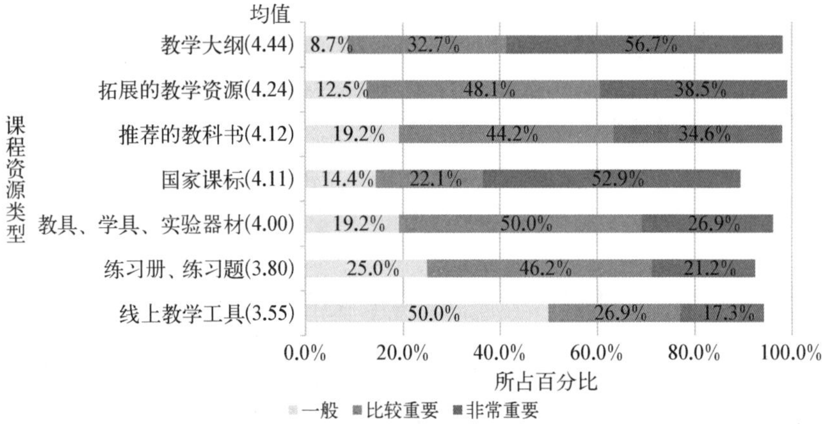

图3-33　课程资源重要程度统计图

4.44，在所提供的七类课程资源中位列第一；90所学校将拓展的教学资源看作重要的课程资源，占总样本数的86.6%，其重要程度得分均值为4.24；82所学校将推荐的教科书看作重要的课程资源，占总样本数的78.8%，其重要程度得分均值为4.12；78所学校将国家课标看作重要的课程资源，占总样本数的75.0%，其重要程度得分均值为4.11，

25%的样本学校认为国家课标处于一般地位或不重要；46所学校将线上教学工具看作重要的课程资源，占总样本数的44.2%，其重要程度得分均值为3.55，在所提供的七类资源中排在末位。

分析发现，办学时间不同的国际学校对课程资源的重视程度不同。如图3–34所示，对于练习册、练习题这种课程资源来说，成熟学校对其的重视程度在四类学校中最低。此外，新学校和发展中学校对推荐的教科书更为重视，相反，建校时间较长的成熟学校和老牌学校对教科书的重视程度较低。

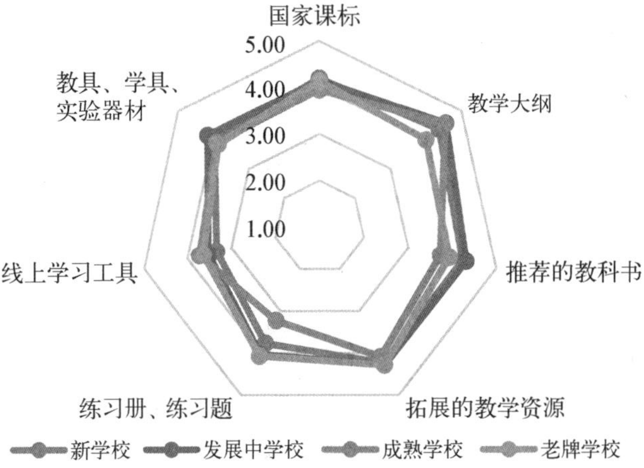

图3–34　办学时间不同的国际学校对课程资源重视程度的情况

分析还发现，不同办学性质的国际学校对课程资源的重视程度不同。如图3–35所示，对于线上学习工具，教具、学具和实验器材两种资源来说，外籍人员子女学校相对更重视，得分显著高于其他两类学校。

项目组提供了22类学校中供课程实施使用的专业场地及设备，并运用李克特量表将使用频率分为五种层级程度，其中“1”代表无场地；“2”代表较少使用，每月使用1—3次；“3”代表一般，每周使

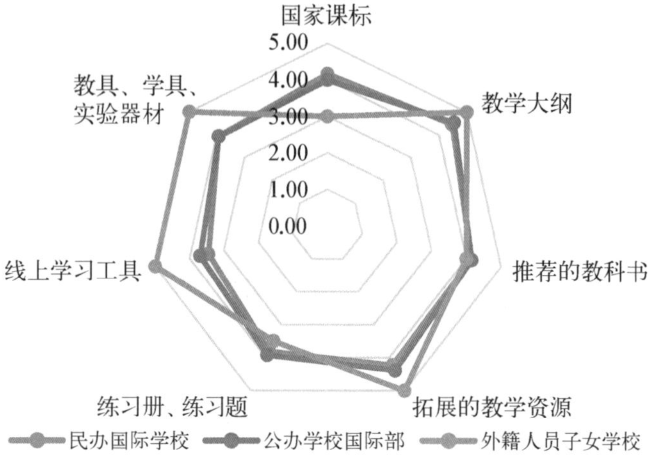

图3-35　不同办学性质的国际学校课程资源重视程度情况

用1次或不足1次；“4”代表比较繁，每周使用2—4次；“5”代表使用非常频繁，每天使用。如图3-36所示，在专业场地或设备使用频率上，国际学校中使用频率较高的专业场地及设备为标准跑道、足球场，均值在4.25及以上，使用比较频繁；其次为综合体育馆、专用美术教室、专用科学实验室的使用也比较频繁，其均值同为4.20；而马场、攀岩室、高尔夫球室等专业场地，绝大多数国际学校并未开发配备相应场地，使用频率偏低。

分析同时发现，办学性质不同的国际学校在专业场地或设备使用频率上表现不同。如图3-37所示，公办学校国际部在各项专业场地或设备使用频率上几乎均在三类学校中排名最低，有10类项目平均分低于2分，没有项目平均分超过4分。大部分学校处于未设置或较少使用该类场地或设备。民办国际学校有8类项目平均分超过4分，其中对传统文化相关场地较为重视，对于书法教室、烹饪教室和茶艺教室等场地的使用频率在三类学校中排名最高。外籍人员子女学校有8类项目平均分超过4分，对文艺、科技类相关场地较为重视，对美术教室、音乐

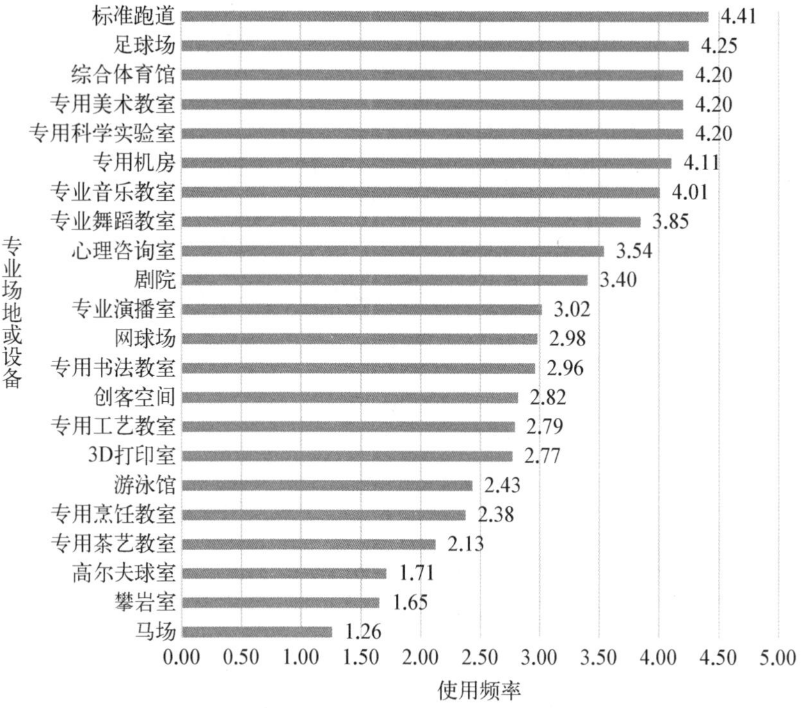

图3-36 专业场地或设备使用频率统计图

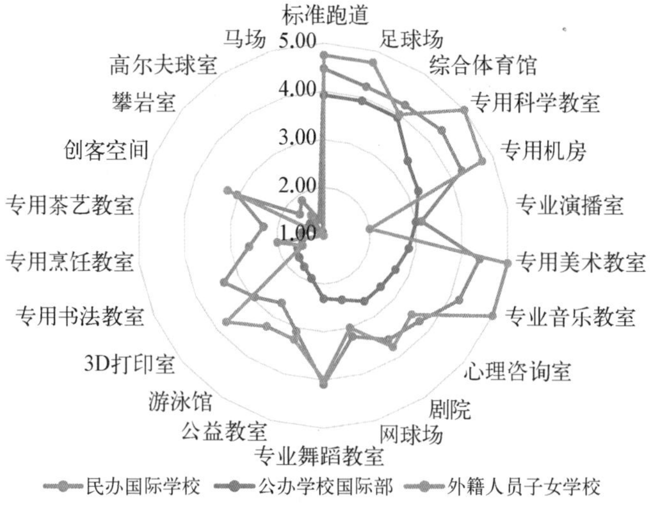

图3-37 不同办学性质的国际学校专业场地或设备使用频率情况

教室、3D打印室、创客空间等场地的使用频率在三类学校中排名最高。

在家长对学校课程的支持程度上，家长以“作为志愿者，为学生提供讲座”的方式为主要支持方式，投入程度为“一般”及以上程度的共85所学校，占总样本数的81.7%，并有22所学校家长处于“特别投入”的支持程度，占总样本数的21.2%，该项支持方式的均值为3.41；家长以“作为智力资源提供者，参与学校课程建设”的方式予以支持的投入程度在“一般”及以上的共69所学校，占总样本数的66.4%，并有12所学校家长处于“特别投入”的支持程度，该项支持方式的均值为3.01；家长以“作为物质资源提供者，为学校提供物质支持”的方式予以支持的投入程度在“一般”及以上的共69所学校，约占总样本数的66.3%以上，并有13所学校家长处于“特别投入”的支持程度，该项支持方式的均值为2.99（具体见图3-38）。

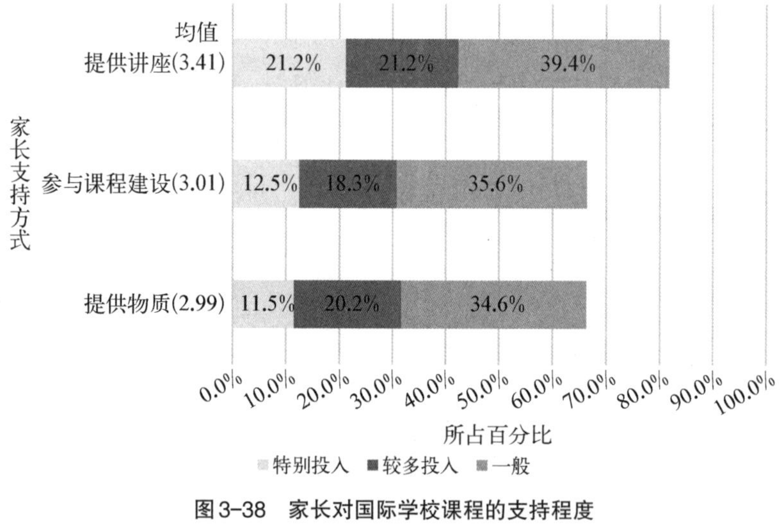

图3-38　家长对国际学校课程的支持程度

分析还发现，不同办学性质的国际学校，家长的支持表现不同。如图3-39所示，民办国际学校在各项家长支持行为方面表现都相对更为积极，在家长支持相关问题的总得分及各单项得分上均显著高于其他类型学校。其次为外籍人员子女学校，公办学校国际部在相关行为得分上表现较弱。比较而言，各类型学校在吸引家长参与学校建设、提供讲座和提供物资方面均有较大提升空间。

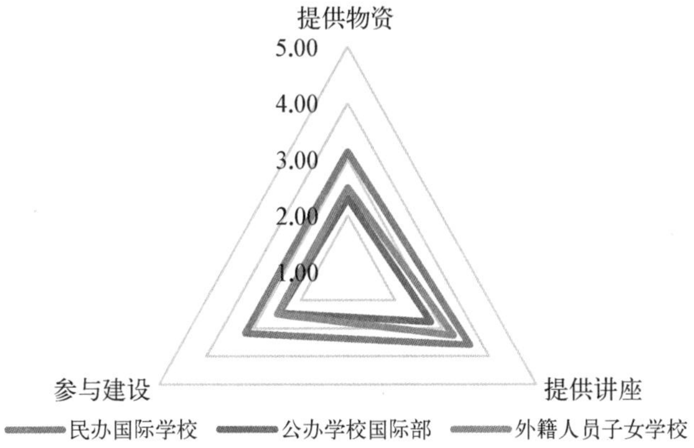

图3-39　不同办学性质的国际学校家长支持行为情况

分析同时发现，不同地区国际学校家长支持的表现不同。从图3-40可以看出，东部地区国际学校家长在提供讲座与参与建设方面具有更高的积极性，在提供物资方面，三地区学校无显著性差异。但比较

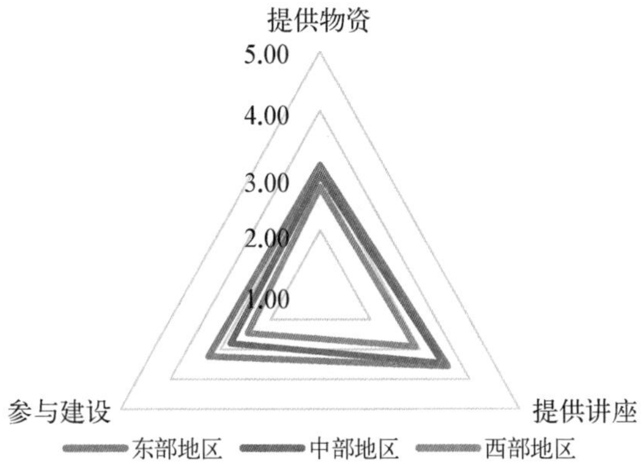

图3-40　不同地区国际学校家长支持行为情况

而言，各地区国际学校在吸引家长参与学校建设、提供讲座和物资方面均有较大提升空间。

（七）课程管理和评价方面

项目组列举了六个国际学校课程框架设计中经常考虑的因素——国家政策、办学理念、师资队伍、学生与家长需求、费用和课程支持系统完善程度。数据收集中，项目组要求调查对象对这七者进行排序，以考察七个因素对国际学校课程框架设计的影响程度。分值1—7依次代表“最不重要”“较不重要”“不重要”“一般”“重要”“较重要”“最重要”。

由图3-41可知，政策因素是对所调查国际学校课程框架设计影响最大的因素，95.2%的被调查学校认为国家政策对课程框架设计有着较重要或非常重要的影响，其排序平均得分为6.33，是七个因素中

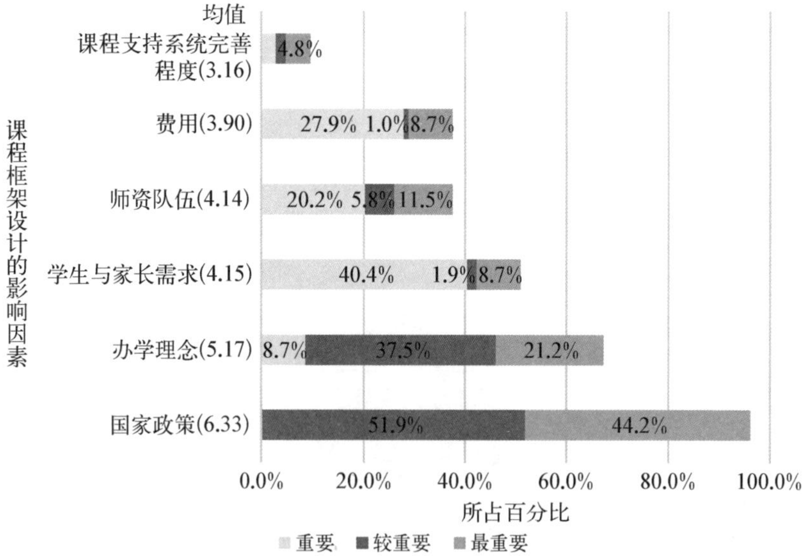

图3-41　课程框架设计影响因素排序统计图

的最高值。办学理念的排序平均得分为5.17，有58.7%的被调查学校认为其对课程框架设计较重要或非常重要，该比例仅次于政策因素。而师资队伍、学生与家长需求、费用、课程支持系统完善程度的平均得分分别为4.14、4.15、3.90和3.16。其中课程支持系统的平均得分最低，可见在列举出的六个因素中其影响力相对最小。另有5所被调查学校提出在课程框架设计时考虑的其他因素：学业测试的导向，社会期待，课程改革趋势，出口需求等。

分析还发现，办学性质不同的国际学校在课程框架设计考虑因素上普遍不存在显著性差异。如图3-42所示，各类国际学校均将国家政策视为最重要的关键因素。相对而言，公办学校国际部更重视办学理念对课程框架设计的影响，而另两类学校，尤其是外籍人员子女学校，会更多考虑费用因素的影响。

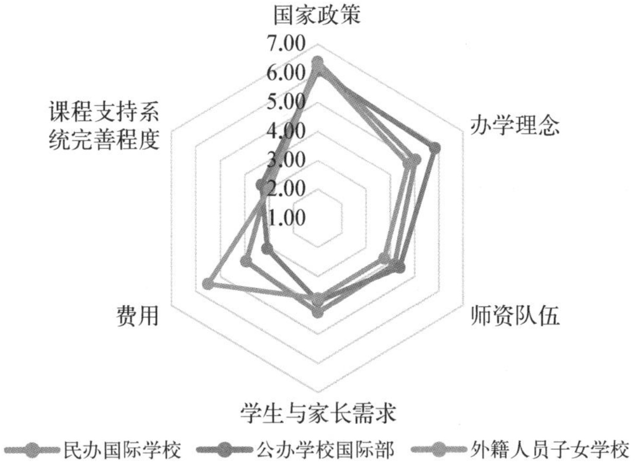

图3-42　不同办学性质的国际学校课程框架设计考虑因素情况

分析同时发现，办学时间不同的国际学校在课程框架设计考虑因素上不存在显著性差异。如图3-43所示，各类国际学校均将国家政策、办学理念视为课程框架设计最为重要的两个关键因素。

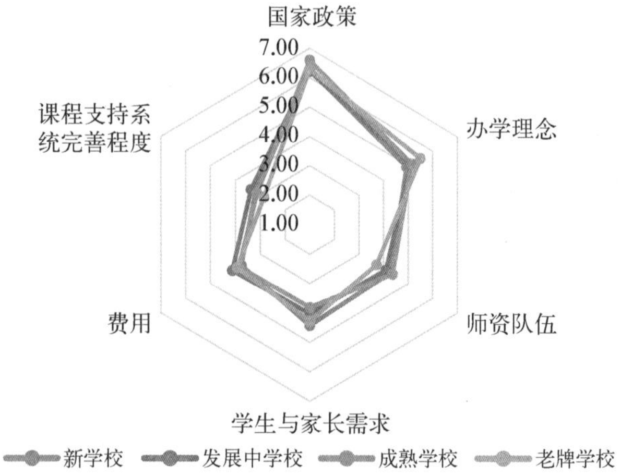

图3-43　办学时间不同的国际学校课程框架设计考虑因素情况

针对学校决定增设某门课程的主要推动力这一问题，项目组列举出四个主体，既包含与课程直接相关的实践主体——负责课程执行的教师与学生，也包含与课程间接相关的管理主体——负责课程规划的课程管理机构与校长。由图3-44可知，校长是国际学校决定

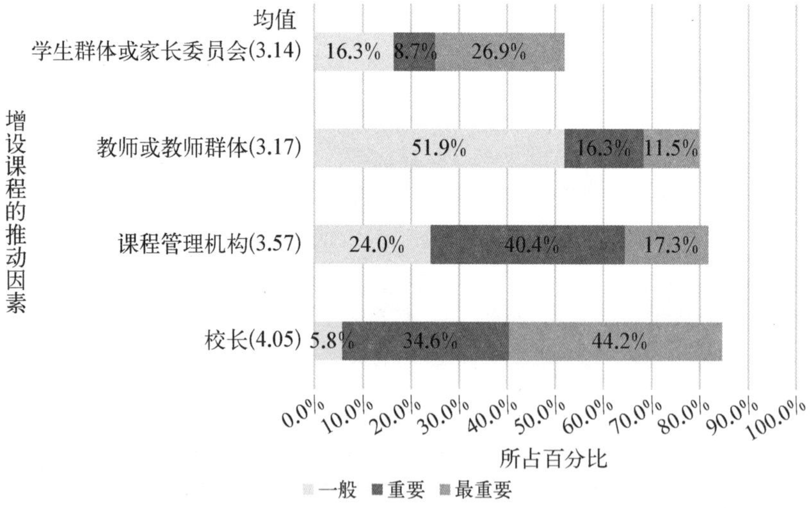

图3-44　国际学校增设课程的推动因素排序统计图

增设某门国际课程时的最大推动力，其排序平均分为4.05，在五个因素中最高，78.8%的学校认为校长在课程推动中发挥最重要或重要的作用。课程管理机构的排序平均得分为3.57，仅次于校长，57.7%的学校认为课程管理机构在增设国际课程中发挥重要作用或非常重要的作用。教师群体的排序平均得分为3.14，在列举出的四个因素中最低，反映出教师对增设课程的推动力相对最小。样本学校中，有6所学校提出了在增设某门课程时考虑的其他因素，如升学导向、市场需求等。

分析还发现，建校时间不同的国际学校在课程设置的主要推动力方面不存在显著性差异。如图3-45所示，各类学校均将校长和课程管理机构视为最主要的推动力。

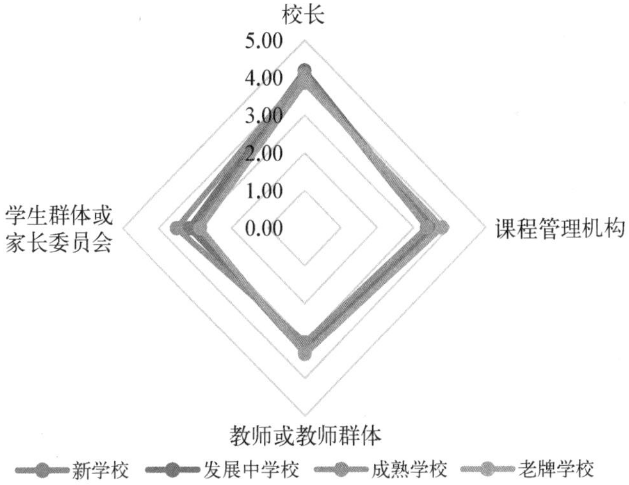

图3-45　办学时间不同的国际学校课程设置的主要推动力情况

分析同时发现，办学性质不同的国际学校在课程设置的主要推动力方面表现不同。如图3-46所示，民办国际学校和公办学校国际部都将校长、管理课程机构认定为最大推动力。但外籍人员子女学校则一致认为校长的影响有限，学生群体或家长委员会是最大的推动力，体现了办学性质不同带来的差异化表现。

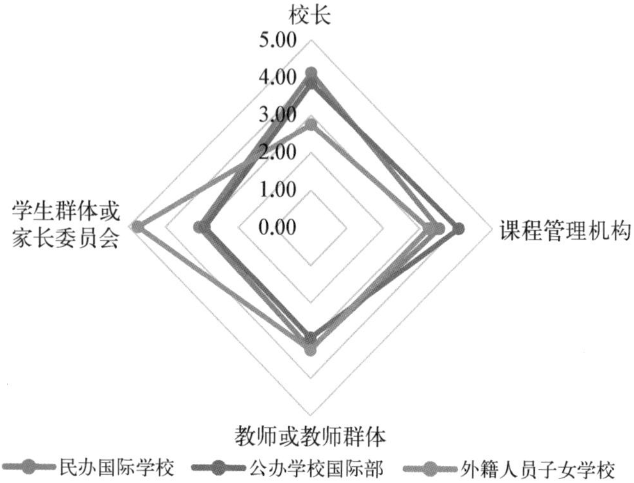

图3-46　不同办学性质的国际学校课程设置的主要推动力情况

此外，项目组还列举了五项国际学校未能增设某门国际课程的阻力——学生需求不足，教师短缺或能力不足，学生、家长支持力度弱，科目开设成本过高，设备场地条件欠缺。数据收集中，项目组要求调查对象对这五者进行排序，以考察五个因素与国际学校未能增设某门课程的关联性大小。

由图3-47可知，68.1%的被调查学校认为学生需求弱是开设某课程重要或最重要的阻力因素。其次是师资条件不足，其排序平均得分为4.62，57.7%的被调查学校认为师资不足是开设国际课程的主要阻力或最主要的阻力，仅次于学生需求弱。其余三个因素是：学生和家长群体支持力度弱，开设成本高，场地设备条件不足，三者的排序平均得分分别为3.70、3.54和3.24。场地设备因素的排序平均得分最低，反映出在列举的五个因素中，它对国际课程开设的阻力相对最小。另有8所样本学校提出了课程实施时所考虑的其他阻力因素：政策压力，升学压力等。

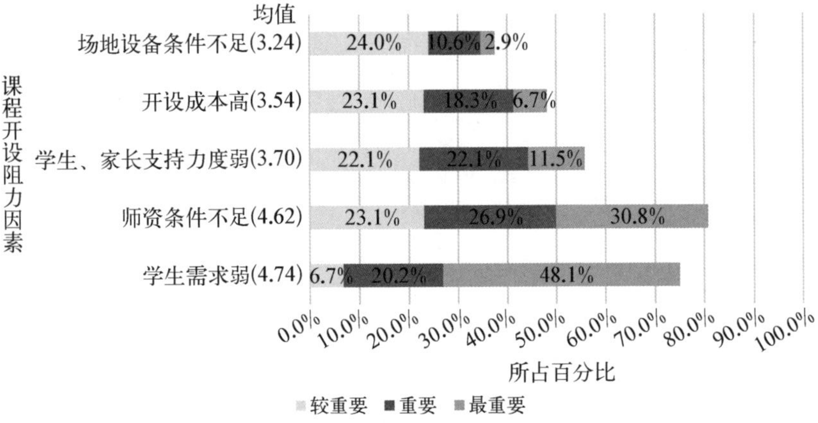

图3-47　国际课程开设阻力因素排序统计图

分析还发现，办学时间不同的国际学校在国际课程开设阻力方面不存在显著性差异。如图3-48所示，各类学校均将需求不足和教师短缺因素认定为开设国际课程的最大阻力。

分析同时发现，不同办学性质的国际学校在国际课程开设阻力上

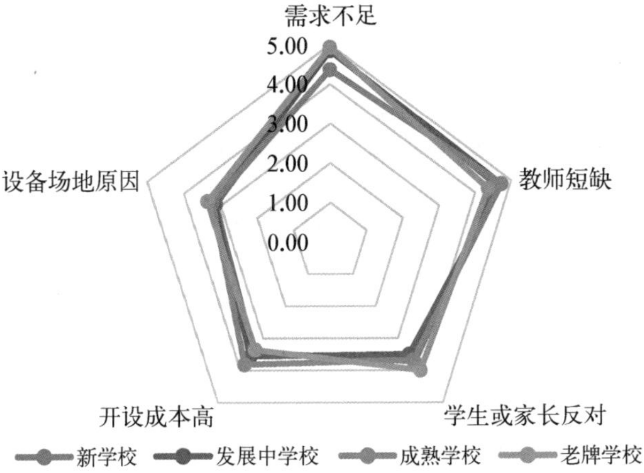

图3-48　办学时间不同的国际学校国际课程开设阻力情况

表现不同。如图3-49所示，民办国际学校和公办学校国际部更多地认为教师短缺和设备、场地原因是开设国际课程的最大阻力。反观外籍人员子女学校，则主要从需求出发，一致认为选课学生数量少、需求不足以及学生或家长反对都会阻碍国际课程的开设。

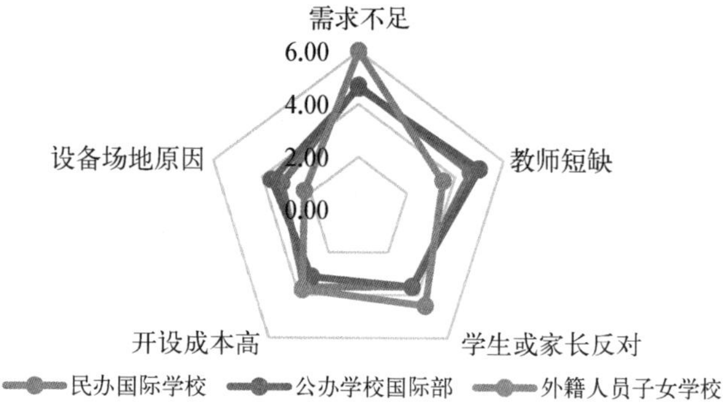

图3-49　不同办学性质的国际学校国际课程开设阻力情况

另外，项目组列举了四个负责评估国际学校教材的常见主体——校长、课程管理机构、教师或教师群体、学生群体或家长委员会。数据收集中，项目组要求调查对象对这五者进行排序，以考察上述五个主体在国际学校教材评估中的重要程度。

由图3-50可知，86.4%的样本学校认为，校长对国际学校教材的评估有着重要或最重要的影响。教师或教师群体的排序平均得分为3.70，其中有50.0%的被调查学校认为教师或教师群体对国际学校教材的评估有着重要或最重要的影响，仅次于校长的影响力。课程管理机构的排列平均得分为3.66，略低于教师或教师群体。学生群体或家长委员会的排序平均得分为2.58，在四个主体中最低，反映出其影响力在列举的四个主体中相对最小。有三个样本学校提出了在课程实施时所考虑的其他主体：政府，第三方专业机构。

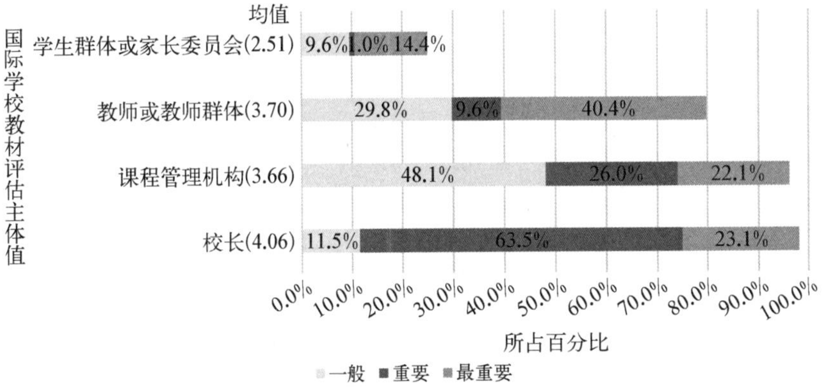

图3-50　国际学校教材评估主体重要性得分排序分布图

分析还发现，办学时间不同的国际学校在评估国际学校教材的主体上不存在显著性差异。如图3-51所示，各类学校均将校长认定为评估教材的最主要主体。相对而言，新学校和发展中学校更注重学生群体或家长委员会的主体作用，成熟学校和老牌学校则更关注教师群体的作用。

分析同时发现，不同办学性质的国际学校在评估国际学校教材的

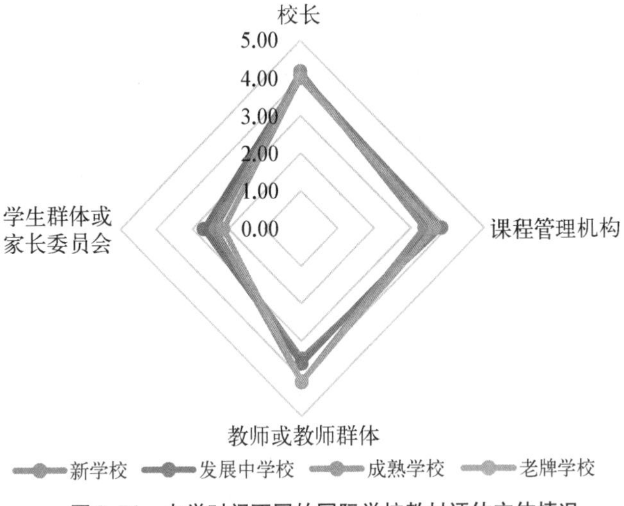

图3-51　办学时间不同的国际学校教材评估主体情况

主体上不存在显著性差异。如图3-52所示，相对而言，民办国际学校更倾向于认为校长和教师群体是评估教材的主体，公办学校国际部更依赖课程管理机构和校长。反观外籍人员子女学校，则将课程管理机构与学生群体或家长委员放在首位。

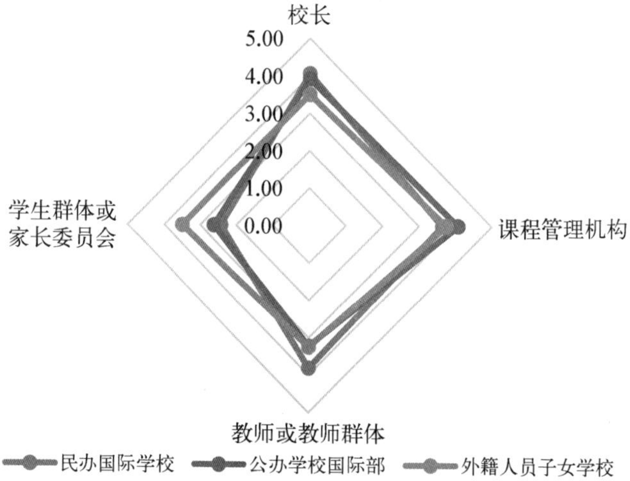

图3-52　不同办学性质的国际学校教材评估主体情况

项目组列举了四个负责评估并决定国际学校设备使用的常见主体——校长、课程管理机构、教师或教师群体、学生群体或家长委员会。数据收集中，项目组要求调查对象对这五者进行排序，以考察上述五个主体在国际学校设备评估并决定使用过程中的重要性程度。

由图3-53可得，85.5%的样本学校将认为校长是在国际学校设备评估中发挥重要或最重要影响力的主体。63.4%的样本学校认为课程管理机构发挥着重要或最重要的影响力，其排序平均得分为3.86，仅次于校长。学生群体或家长委员会的排序平均得分为2.38，在列举的四个主体中最低，反映出在列举的四个主体中其对国际学校设备评估的影响力相对最小。有三所样本学校提出了在课程实施时所考虑的其他主体：校董会，第三方专业机构。

分析还发现，建校时间不同的国际学校在评估学校设备的主体上不存在显著性差异。如图3-54所示，各类学校均将校长认定为评估学

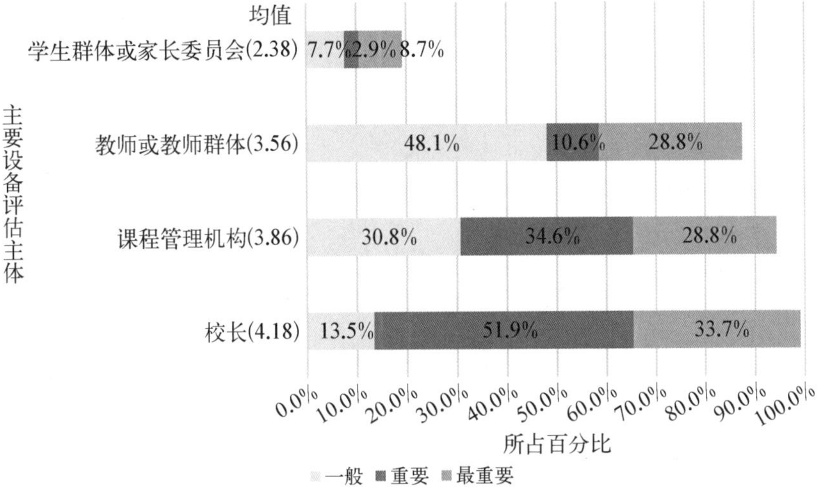

图3-53 国际学校设备评估主体影响力排序统计图

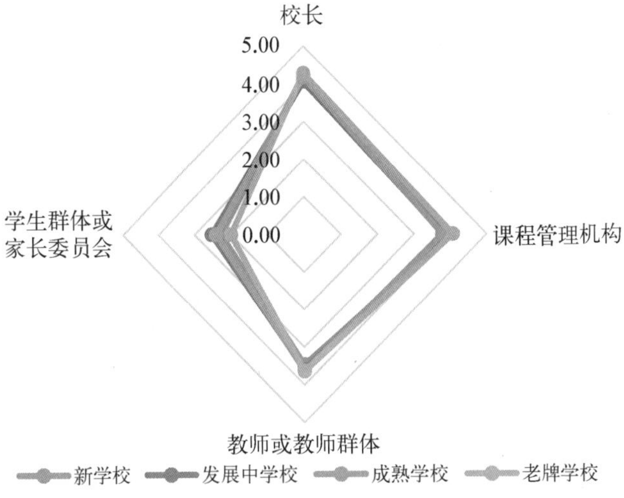

图3-54 办学时间不同的国际学校设备评估主体情况

校设备的最主要主体。

分析同时发现，不同办学性质的国际学校在评估学校设备的主体上不存在显著性差异。如图3-55所示，相对而言，民办国际学校和公办学校国际部都倾向于认为校长是评估设备的主体。反观外籍人员子女学校，依旧将管理课程的机构与学生群体或家长委员会放在首位。

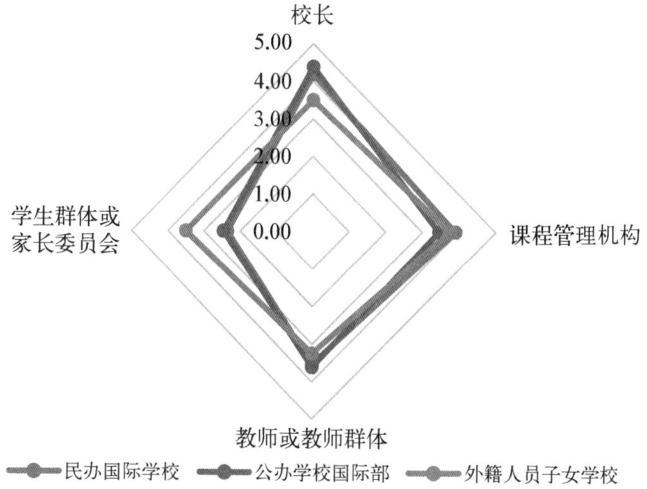

图3-55　不同办学性质的国际学校设备评估主体情况

在综合上述对各主体影响力调查题目的数据分析后，项目组绘制了各主体对国际学校课程影响力排序的统计图。如图3-56所示，在样本国际学校中，校长对于课程的增设、教材评估与设备评估的推动都有着最大的影响力（在这三者上校长都得到了最高的排序平均分）；课程管理机构总体上得分要高于教师群体；除了在教材评估上，教师的排序平均得分略高于课程管理机构，在其他两个方面，教师的排序平均得分都与课程管理机构有较大差距；学生群体和家委会对课程、教材和设备的影响始终是最小的，均值分别为3.14、2.51、2.38。

在调查中发现，76所国际学校已建立国际课程评价的成文制度，占总样本数的73.1%，而约26.9%的国际学校未建立国际课程评价的成文制度（具体见图3−57）。

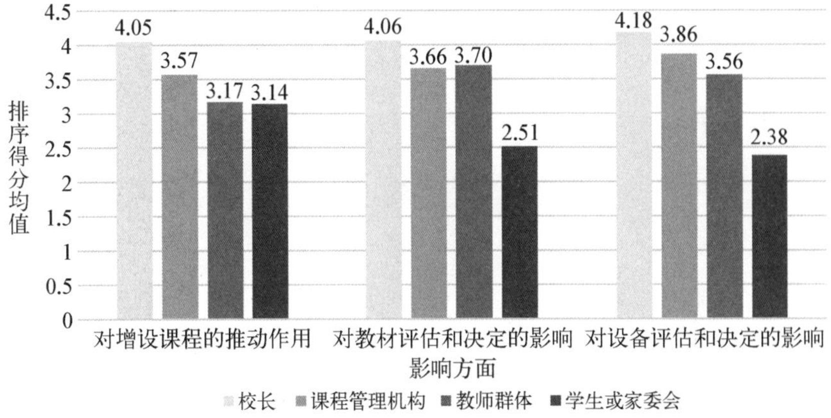

图3−56　各主体对国际学校课程的影响力排序统计图

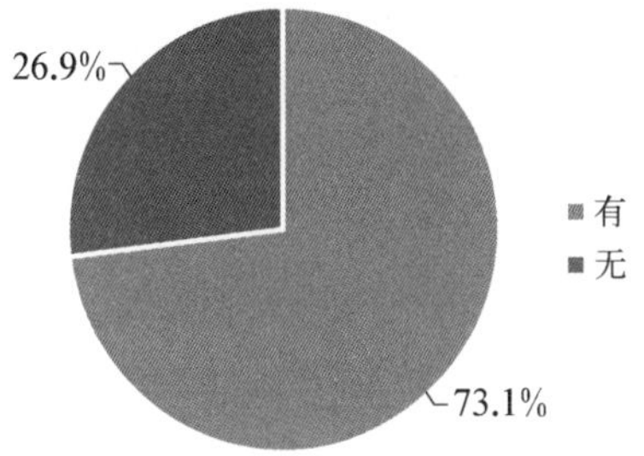

图3−57　国际学校有无国际课程评价的成文制度

项目组列举了五种国际学校主要采用的测评方式——托福、雅思、SAT、MAP和ISA。在数据收集中，项目组要求调查对象以多选的方式选择本校采用的国际测评方式。由图3−58可知，雅思和托福是样本学校采用最多的测评方式，其中，73所学校选择雅思作为主要测评方式，占总样本数的70.2%，66所学校将托福作为主要的测评方式，占总样本数的63.5%。SAT有56所学校采用，占总样本数的53.8%。采用MAP和ISA的学校数量则相对较少，分别为19所和2

所。除了项目组列举出的五种方式外，有22所学校还采用了其他测评方式，常见的包括WIDA、ACT，同时也有2所学校没有开展任何形式的国际测评。

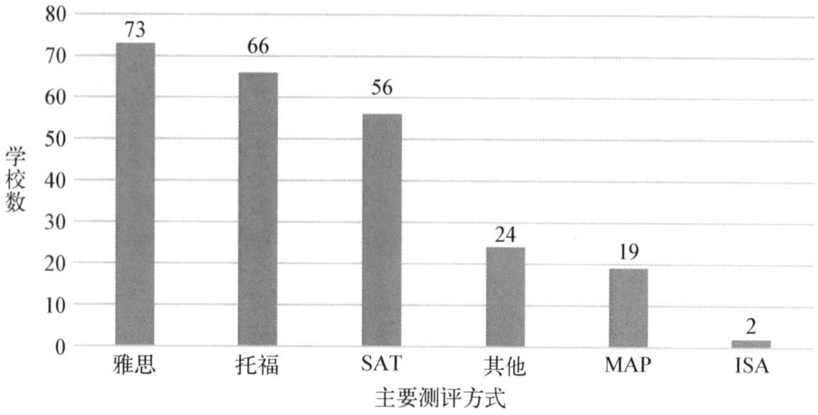

图3-58　国际学校主要测评方式统计表

调查发现，45所学校不参加本区县期中/期末考试，占总样本数的56.7%，其余约43.3%的国际学校选择参加区县考试（具体见图3-59）。

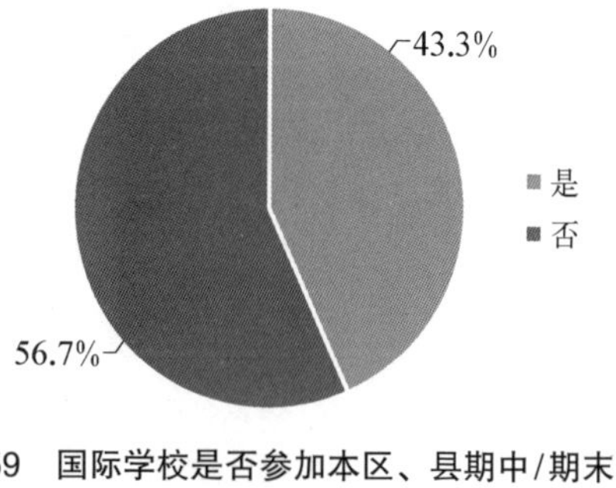

图3-59　国际学校是否参加本区、县期中/期末考试

分析发现，不同办学性质的国际学校参与区、县期中、期末考试的情况有所不同，如图3-60所示。相比而言，民办国际学校参加的比例略高，为43.2%。公办学校国际部相对较低，为30.8%。本次调查的外籍人员子女学校则均不参与区、县的期中、期末考试。

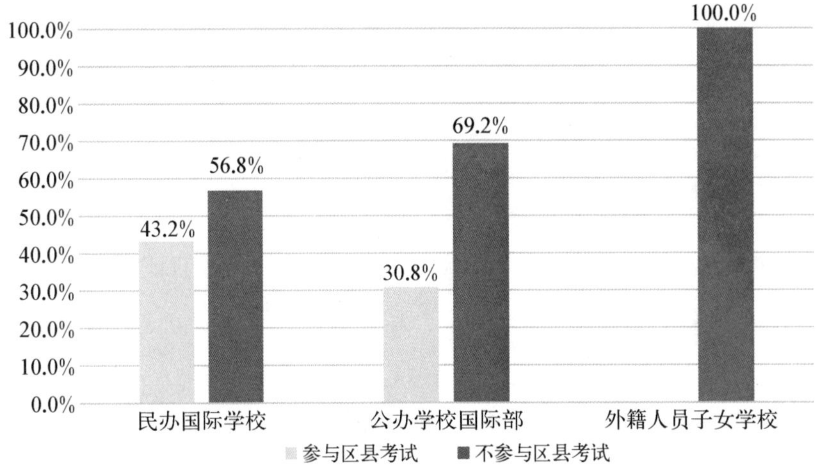

图3-60　不同办学性质的国际学校参与区、县考试情况

四、中国国际学校课程建设的经验与挑战

（一）国际学校课程建设本质的挑战

基于国际学校课程建设现状的问卷调查，以及项目团队在入校调研过程中和校长、课程建设负责人等关键人员的深度访谈，国际学校普遍认为其在课程建设中面临的挑战主要包括以下三方面。

第一，课程的融合。如何处理好国家课程和国际课程的关系，如何寻求素质课程与学术课程之间的平衡，如何使国际课程更好地结合中国学生的实际情况，如何真正打造中西融合的课程体系。正如广州E学校Q校长所言："我们课程建设过程中很重要的经验就是以做中西合璧的课程为学校办学特色，但我们面临的最大挑战也是'中西合璧'这四个字。如何做中西合璧的课程，如何把国际和国内两套不同的课程进行融合，然后本土化落地实施，这个要做好其实并不容易。"

第二，教师队伍的建设。学生需求的多样性和师资的有限性之间存在矛盾，国际课程尤其是课程的融合对教师提出了更高的要求，如跨学科思维、探究式教学等，但能够胜任的教师并不多，而且对教师的培养也需要一定的时间。另外，优秀教师队伍不稳定，如何留住这些人才也是一个挑战。

第三，国家政策方面。政策对民办教育以及国际学校的办学和发展影响非常大，很多学校对国家政策感到困惑。尤其是2019年6

月《中共中央国务院关于深化教育教学改革全面提高义务教育质量的意见》出台，明确提出“义务教育学校不得引进境外课程、使用境外教材”。[1]但与此同时，在扩大教育对外开放的背景下，政策依旧支持不断提高教育的国际化水平，鼓励学校间的国际交流与合作，强调培养学生的国际视野、国际交往能力和国际竞争力。这让很多学校在解读政策时感到十分疑惑，无法真正理解政策背后的意图，从而产生担忧和迷茫。以上观点从不同层面体现了国际学校课程建设面临的挑战，但未指出其本质。在讨论国际学校课程建设的本质挑战之前，首先有必要在历史的基础上，在全球的视野下厘清我国国际教育的本质，并对当下中国国际教育面临的真正挑战和未来发展趋势展开深度讨论。

1. 发达国家国际教育的产生与发展

1919年美国国际教育协会（The Institute of International Education，简称IIE）成立，这也是“国际教育”（international education）这一术语首次被正式提出和使用，主张通过国际交流和交换，加强世界联结，最终建立一个更加安全、公正的世界。[2]正如坎布里奇和汤普森所言，由于人们常在不同的层次和语境下描述国际教育，因此难以形成统一认识。“国际教育”一词也越来越多地被用来描述以“国际主义”“国际意识”为导向的教育理念和由国际学校及其他机构提供的

[1] 教育部.中共中央国务院关于深化教育教学改革全面提高义务教育质量的意见［EB/OL］.（2019-6-23）［2019-9-12］. http://www.moe.gov.cn/jyb_xxgk/moe_1777/moe_1778/201907/t20190708_389416.html.

[2] THE INSTITUTE OF INTERNATIONAL EDUCATION. Through the Decades［EB/OL］. Retrieved December 30, 2019, from https://www.iie.org.

教育。[1]

（1）美国国际教育的产生与发展

美国的国际教育是“二战”后美国全球战略的产物。“二战”后民族独立运动兴起，美国为了保护自身既得利益，对其前殖民地由统治转为提供国际对外援助，特别是对欠发达的地区和国家进行技术援助。这就需要培养大量精通受援助国或研究对象国语言、文化、历史等方面的专业人才。1946年，美国颁布《富布莱特法》（The Fulbright Act），授权国务卿主持开展一系列教育交流项目，资助美国学生、教授和专家去国外学习、研究和授课，也为其他国家来美国进行教育交流提供资助。[2]1948年美国国会通过《史密斯–蒙特法》（Smith-Mundt Act），为富布莱特项目补充资金，同时扩大美国国际教育对外交流的范围。1961年对《富布莱特法》进行修订并形成《富布莱特–海斯法》（the Fulbright-Hays Act），主要由美国教育部负责，强调在美国国内教育工作者中加强对地区和外语专家的培养。[3]同年《和平队法》出台，为本科毕业的和平队（Peace Corps）[4]志愿者前往其他国家尤其是发展中国家进行志愿服务提供教育、医疗、技术等多方面的培训和资助。1966年，《国际教育法》（the International Education Act）出台，进一步扩大资助对象范围，如从只资助研究生层次的专家培养，扩展到普通本科教学中的国际问题研究。[5]可以看出，美国的国际教育从一开

[1] CAMBRIDGE J, THOMPSON J. Internationalism and Globalization as Contexts for International Education［J］. Comparative Education, 2004, 34(2): 161–175.

[2] WARD I. The Fulbright Act［J］. Far Eastern Survey, 1947, 16(17): 198–200.

[3] U.S DEPARTMENT OF EDUCATION, International Education Programs Service-Fulbright-Hays Programs: The World is Our Classroom［DB/OL］. Retrieved October 1, 2019［DB/OL］, from https://www2.ed.gov/about/offices/list/ope/iegps/fulbright-hays.html.

[4] 和平队（Peace Corps），是美国总统约翰·肯尼迪（John F. Kennedy）创立、由美国联邦政府管理的志愿者组织。——编者注

[5] 王媛.冷战与美国国际教育政策的演变［J］. 东北师大学报（哲学社会科学版），2012（6）：94–97.

始就带着强烈的对外扩展的基因，并非是为了解决美国本土的教育问题。

20世纪八九十年代，全球经济一体化加速发展，美国为了继续保持其世界领先地位，开始强调国际教育要适应全球经济竞争的要求。1988年《为全球胜任力而教》（Educating for Global Competence）、1998年《为全球胜任力而教：美国未来的通行证》（Educating for Global Competence: American's Passport to the Future）等报告相继出台。2001年"9·11"事件再次揭示了解并尊重不同国家的文化，和不同语言、文化、价值观的人和平相处与合作的重要性，国际理解、多元文化等内容在美国的国际教育中受到重视。2012年，美国联邦教育部发布了《国际教育、国际参与与全球成功》（Succeeding Globally through International Education and Engagement）国际战略公告，强调"全球胜任力不是奢侈品，不是仅仅针对精英阶层，它是所有人必备的技能"。[1]越来越多的学校，既包括公办学校也包括民办学校，都认识到了这一点，在不同的层面开展实验。美国的国际教育随着时代的发展，从冷战时期局限于高等教育阶段转向同样关注基础教育，从培养少数精英外语人才和区域问题专家转向面向全体学生，培养学生的"全球胜任力"。[2]

（2）瑞士国际教育的产生与发展

瑞士国际教育的产生背景与美国截然不同，最初是为了解决外交官和国际公务员子女上学的问题。第一次世界大战带来的损害和创

[1] US DEPARTMENT OF EDUCATION. Succeeding Globally through International Education and Engagement［DB/OL］. Retrieved October 2, 2019, from https://www2.ed.gov/about/inits/ed/internationaled/international-strategy-2012-16.pdf.

[2] 滕珺，张婷婷，胡佳怡.培养学生的"全球胜任力"——美国国际教育的政策变迁与理念转化［J］. 教育研究，2018，39（1）：142-147+158.

伤使人们意识到建立和平国际社会的重要性，于是1920年国际联盟（League of Nations）成立，总部设在瑞士日内瓦。为了解决当时日内瓦国际联盟的外籍雇员子女受教育的问题，当地教育家、国际联盟和国际劳工组织（International Labour Organization）的官员于1924年创办了世界上第一所国际学校——日内瓦国际学校（the International School of Geneva）。[1]建校之初只有8名学生，后来学校也为包括国际公务员、外交官、从事跨国贸易的经商者等更大范围的外籍人员的子女提供教育。基于瑞士中立国的背景以及需要满足不同国家教育文化和价值选择的需求，日内瓦国际学校选择了更具共通性的价值标准，如尊重文化多样性、强调互相理解、倡导世界和平与发展等。这样的教育理念在历史发展过程中尤其是经历第二次世界大战后一直延续下来，并且在联合国教科文组织等国际组织的推动下进一步发展。

1968年，国际文凭组织（the International Baccalaureate Organization，简称IBO）成立，总部设在日内瓦。IBO原是为了促进学生的国际流动，为准备申请大学的学生提供被世界不同国家的大学普遍认可的课程和学位教育。后来，IBO也着重强调培养学生的全球视野、国际意识，以及了解、理解并尊重不同文化和观点的能力，IB（International Baccalaureate）课程就是其典型代表。1968年，罗伯特·利奇（Robert J. Leach）和日内瓦国际学校的其他教师一起开发了英语和法语的大学预科项目（Diploma Programme，简称DP），如今已发展成由DP项目、中学项目（Middle Years Programme，简称IB-MYP）和小学项目（Primary Years Programme，简称IB-PYP）组成的完整体系。到目前位

[1] The INTERNATIONAL SCHOOL OF GENEVA, Overview［DB/OL］. Retrieved October 2, 2019, from https://www.ecolint.ch/overview/our-history.

止，共有157个国家的5 175所学校提供6 812个IB项目。[1]

（3）日本国际教育的产生与发展

日本国际教育的发展也和“二战”有着密不可分的关联。1946年联合国教科文组织首次提出“国际理解教育”（Education for International Understanding）理念，强调增进民族国家之间的相互理解，促进世界和平。[2]这对于急需改变战败国、侵略国形象的日本来说是很好的契机，因此日本将“国际理解教育”作为其重返国际舞台的重要途径，[3]也由此拉开了日本国际教育的序幕。与此同时，全球化的加速发展、新兴技术的产生使国家间的竞争越来越从经济、军事转向以人才为主的竞争，为此，日本提出要培养“活跃于国际社会中的日本人”“具有国际素质的日本人”，国外的课程、教材、教育理念等开始被引进，国际学校也随之涌现。如1979年，日本第一所IB学校——圣玛丽国际学校成立。同年，日本认可取得IB文凭且年满18岁即等同于高中毕业同等学历，具备参加大学入学考试的资格。[4]后来，日本的民办学校、国立学校（如东京学艺大学附属国际中学）、公办学校（如札幌开成中学）纷纷引进IB课程。2013年，日本政府正式颁布《日本再兴战略——JAPAN is BACK》，该文件提出，“为应对全球化，进一步提升人才素质，到2018年为止，希望日本国内开设IB课程的学校能增加到200所的目标”。[5]目前日本提供PYP项目的

[1] The INTERNATIONAL BACCALAUREATE ORGANIZATION, Facts and Figures［DB/OL］. Retrieved October 3, 2019, from https://www.ibo.org/about-the-ib/facts-and-figures/.

[2] 姜英敏.东亚国际理解教育的价值冲突探析［J］.比较教育研究，2007（5）：53-58.

[3] 姜英敏，于帆.日本“全球公民教育”模式的理论分析［J］.比较教育研究，2013，35（12）：72-77.

[4] 赵健，吴伟，岩崎久美子.日本国际文凭（IB）教育的发展历程与政策选择［J］.外国教育研究，2018，45（11）：99-111.

[5] 首相官邸ホームページ.日本再興戦略-JAPAN is BACK［R/OL］.［2019-10-9］http://www.kantei.go.jp/jp/singi/keizaisaisei/pdf/saikou_jpn.pdf.

IB学校有34所，提供MYP项目的IB学校有18所，提供DP项目的IB学校有47所。[1]

由此可见，不同国家的国际教育发展有着完全不同的历史背景和基本使命，但在全球范围内，各国国际教育的发展都经历了以下两个发展阶段。（1）“二战”后至20世纪八九十年代，国际教育处于快速、多样、大规模增长的第一阶段。（2）20世纪末21世纪初，国际教育开始朝着有序、专业、高质量、共享普遍标准的第二阶段发展。[2]值得注意的是，随着时代的发展，当今的国际教育越来越复杂交织，从单一驱动转向政治、经济、文化等多重因素共同驱动，因此，国际教育承担着越来越多的责任，既包括对他国文化的了解认知，也包括跨文化交往、全球责任等越来越多新兴的内容。

2. 中国国际教育的发展与挑战

中国国际教育的缘起与西方发达国家有着截然不同的背景，是在中国改革开放这一大背景下产生，并随着中国改革开放的深入发展而不断发展。正如郑永年所言，中国的改革开放政策已进入4.0版，即“引进来”“走出去”系统化的发展阶段，[3]中国国际教育的发展也正在经历这一转型。

（1）中国国际教育的产生与发展

中国的国际教育特别是国际学校主要是在民办教育的发展浪潮中

[1] THE INTERNATIONAL BACCALAUREATE ORGANIZATION, Find an IB World School. Retrieved October 9, 2019［DB/OL］, from https://www.ibo.org/programmes/find-an-ib-school/.

[2] BRUNNELL, T. International Education and the ‘Second Phase’: A Framework for Conceptualizing Its Nature and for the Future Assessment of its Effectiveness［J］. Comparative and International Education, 2008, 38(4), 415-426.

[3] 郑永年.中国开放政策4.0版［N］. 联合早报，2019-03-12.

产生的。1982年《中华人民共和国宪法》明确提出，“国家鼓励集体经济组织、国家企业事业组织和其他社会力量依照法律规定举办各种教育事业”，[1]我国民办教育的合法性首次得到了最高法律的认可，社会力量办学开始兴起。1983年，邓小平提出教育的“三个面向”，即“教育要面向现代、面向世界，面向未来”，开启了中国教育国际化的新时代。1992年，邓小平南方谈话和党的十四大标志着我国改革开放进入新发展阶段，也拉开了中国教育体制改革的序幕，民办学校掀起一股浪潮。[2]1997年，《中华人民共和国社会力量办学条例》颁布，这是新中国第一个规范民办教育的行政法规，明确提出社会力量办学事业是社会主义教育事业的组成部分。在民办教育兴起的20世纪90年代，有一部分民办学校为获得市场竞争的相对优势，另辟蹊径选择了“国际化”的元素，比如强化英语学习，聘用外籍教师，吸收国际教育理念，引进国际课程，以此来增加自身的办学优势和竞争力，这就是中国早期的国际学校。 这些学校为当时刚刚兴起的出国留学热提供了相应的衔接，确实满足了随着中国经济快速发展，先富起来的中产阶级对教育的多样化需求，取得了不错的发展。随后，在市场经济利益的驱动下，国际学校数量大规模增加，由于学校可以通过加盟一些国际教育品牌而直接享受品牌带来的市场与客源，所以选择白手起家、自主开发国际课程的学校很少。[3] 2019年6月颁布的《中共中央国务院关于深化教育教学改革全面提高义务教育质量的意见》提出“义务教育学校不得引进境外课程、使用境外教材”，让很多国际学

---

[1] 全国人民代表大会.中华人民共和国宪法［EB/OL］.（2018-03-22）［2019-10-3］. http://www.npc.gov.cn/npc/c505/201803/e87e5cd7c1ce46ef866f4ec8e2d709ea.shtml.

[2] 阙明坤，王华，王慧英.改革开放40年我国民办教育发展历程与展望［J］. 中国教育学刊，2019（1）：29-36.

[3] 王熙，陈晓晓.国际教育的全球化陷阱［J］. 教育学报，2015，11（5）：19-26.

校，尤其是过度依赖全建制课程的国际学校对办学和未来发展产生了担忧。

（2）新时期中国国际教育发展面临的挑战

中国国际学校在发展初期处于“拿来主义”阶段，把国外的教材、课程等资源不加批判地全盘引进，对外籍教师的聘用也没有相对系统、严格的标准。但这也是可以理解的，毕竟刚刚起步，需要大量吸收、学习借鉴他人的东西。随着中国社会经济的发展，改革开放的不断深化，以及教育水平的普遍提高，一些国际学校意识到国际认证的重要性，纷纷开始争取获取各类国际认证。可以说，我国国际教育的发展在不断深化，从只关注看得见的显性资源到重视看不见的隐性资源，从简单强调外语能力的提升到注重立体深入的全球思维方式的培养，从奉行“拿来主义”到开始尝试挖掘自身教育的价值。但是也不得不承认，这一发展过程中始终存在这样的逻辑前提，即认为西方的教育资源具有天然优势、市场竞争力和吸引力，代表着优质的国际教育，所以要不断吸收、引进国外的教育资源，提升中国国际学校自身的办学竞争力。然而，这样的逻辑在今天的中国显然已经行不通了，它至少面临以下四方面的挑战：

第一，从国家层面而言，教育主权是国家主权必不可少的一部分，任何国家都有权保持本国教育的独立自主，尤其在全球格局复杂多变的今天，教育既关乎文化选择和价值传承的问题，又关乎当下国家认同的问题，这不是中国独有的问题，事实上任何国家都是如此。如2015年10月，奥巴马颁布《每个学生都成功法》（Every Student Succeeds Act, 简称ESSA），[1]同样强调必须加强美国历史和宪法教育，

[1] Every Student Succeeds Act［DB/OL］. Retrieved October 4, 2019, from http://www.everystudentsucceedsact.org.

提升美国历史与公民教育的质量，联邦教育部甚至拨专款开展这方面的活动。法国同样强化其国家认同，于2015年宣布实施《学校共和价值观》教育改革，就加强学校共和价值观教育、公民与道德教育提出一系列政策措施，希望通过此举使学校成为对抗宗教激进主义、维护法国共和价值观、增强学生对法国的归属感的一道壁垒。归根到底，教育从来都需要回答"为谁培养人、培养什么样的人"的问题。需要明确一点，就读国际学校的中国学生是中国公民，国际教育在培养学生国际理解、全球意识之前，需要先让学生了解自己的国家和文化，培养对国家的认同感和归属感，这是中国国际教育的根基。必须特别说明的是，文化传承与国家认同并不完全等同，目前很多国际学校都在开展中国传统文化教育，这只是部分地解决了教育文化价值选择的问题，并不能以此代替国家认同，前段时间的香港问题也充分说明了这一点。因此，如果我们的国际教育不能很好地回应教育主权和对国家认同的培养，就不能从根本上解决国际教育存在的隐患。

第二，从家长层面来看，国际教育的客户群体已经发生了很大的变化。目前中国社会选择国际教育的家长大多受过良好的高等教育，他们既有殷实的经济基础，又有理性的文化思考。与20世纪90年代不同，随着中国的崛起以及家长自身在海外学习或生活经历的丰富，越来越多的家长认识到，全盘照搬的国际教育并不能为自己的子女日后在国际舞台上赢得相对突出的竞争优势，也意识到民族文化身份认同与国家认同对一个人在国际舞台上的可持续发展的重要性。此外，语言优势作为国际学校初期的一大竞争力也在慢慢下降，家长们认识到，如今仅仅靠语言优势已无法保证孩子未来的全球竞争力。这就对国际学校的办学质量提出了更高的要求。

第三，从生源构成来看，20世纪90年代前，在国际学校掀起办学浪潮以前，中国的国际学校数量较少，且主要是面向外籍人员子女。然而今天，中国的国际学校主要是招收中国学生。需要指出的是，这里的中国学生也有一定的复杂性。首先，持有中国公民护照的学生必然是中国学生，这类学生接受的教育尤其是义务教育必须体现国家意志，满足国家对教育的法定要求。其次，也有学生虽然持有外国公民护照，但他们流淌着中国人的血液，也一直在中国长大并接受教育。对这样的学生来说，更多地在他们所接受的教育中加入中国元素，更多地让他们了解中华民族文化和现今中国的情况，也将使得他们日后在国际舞台上更加具备竞争力。因此，在国际学校的主要教育对象由外籍学生转变为中国学生后，必然要求课程顺应这一变化，有针对性地进行调整。同时，如今国际学校的学生是出生在21世纪的“数字原住民”，他们的生活方式、思维习惯等已经和过去的学生有很大不同，这也必然要求国际学校的课程根据学生的新特点和发展需求进行更新升级。

第四，从国际教育行业从业者自身角度而言，他们也意识到，在使用别国或国际教育组织的国际课程体系的实践过程中，存在诸多难以理解的文化隔阂以及理念在实践中难以具像化操作的无力感。这并不是说别国的国际课程体系毫无价值，恰恰相反，不论是哪国的国际课程体系，都存在很多值得我们学习和借鉴的地方。但完全按照某一类课程体系组织实施教学时，一线教师特别是中国的一线教师往往觉得不解其意，隔靴搔痒，无从下手，只能生搬硬套，毕竟这种课程不是自己的文化中生长出来的话语体系，不是自主开发的课程。因此，一些国际学校开始自觉地探索并尝试进行中外课程的融合，尽管依然是一些探索性的尝试，尽管在尝试过程中遇到了诸多困难，但已经迈出了改革创新的一步，是具有价值和意义的。

3. 教育现代化是中国国际教育的本质

我们不难发现，中国国际教育产生的背景、契机以及发展路径与其他国家有着基因上的不同，既不同于美国服务于其全球战略的政治目的，也不同于瑞士为解决国际公务员、外交官子女入学的问题，更不同于日本在“二战”后为改变国家形象而选择国际理解教育。中国是在改革开放和民办教育兴起的背景下，为提升中国教育质量，丰富中国教育内涵，在传统教育模式中探寻另一种可能而开展国际教育，其本质是中国的教育工作者为提升中国教育质量，丰富中国教育内涵而进行的一次现代化探索和尝试。

（1）中国国际教育实践中的现代元素

顾明远认为，现代教育是现代生产的产物，培养全面发展的人是现代生产对现代教育提出的普遍要求。[1]“教育现代化就是为适应社会现代化的需要，充分利用现代科学技术的新成果来改进教育制度、教育内容和方法，促进人的现代化进程。”[2]他进一步从教育观念的维度归纳了教育现代化的八大基本特征：1）教育的民主性和公平性；2）教育的终身性和全时空性；3）教育的生产性和社会性；4）教育的个性性和创造性；5）教育的多样性和差异性；6）教育的信息化和创新性；7）教育的国际性和开放性；8）教育的科学性和法制性。[3]把握教育现代化的基本特征，当我们再回顾中国的国际教育时不难发现，如今，无论自知或不自知，中国的国际学校在实践中其实就是在

[1] 顾明远.顾明远文集（第一卷）[C].北京：北京师范大学出版社，2018：18.
[2] 顾明远.中国教育的文化基础［M］.太原：山西教育出版社，2004：283.
[3] 顾明远.试论教育现代化的基本特征［J］.教育研究，2012，33（9）：4-10+26.

或多或少、或快或慢、或高水平或低水平地探索和践行教育现代化。国际教育行业的从业者在宣传时往往会说："我们采用国际先进的教育理念，国际先进的课程体系，国际先进的教学方法和评价方式等。"是否完全先进暂且不论，但不可否认的事实是，这些国际理念、课程、教学方法和评价方式都是其他国家在发展过程中现代生产和现代社会的产物。

第一，在教育理念上，国际教育通常倡导"儿童中心"的发展观，这其实体现了教育现代化的多样性、差异性和个性特征。现代社会不同于工业社会强调人的标准化和统一化，而是强调个性化和多样化；重视个体的差异化发展，强调每个学生的天赋、兴趣、爱好不同，要充分发挥每个学生的潜在能力；因此形成了尊重儿童兴趣、尊重儿童差异、尊重儿童天赋和潜能、尊重儿童发展需求的价值观，这些价值观进一步影响现代教育的理论与实践，也就产生了国际学校强调的"关注儿童，促进学生个性和差异化发展"这一国际先进教育理念。这就涉及教育学中常常讨论的传统教育与现代教育的重要区别。以赫尔巴特（Johann Friedrich Herbart）为代表的传统教育主张以教师、教材和课堂为中心。杜威作为现代教育学的创始人之一，意识到当时美国的学校教育存在与儿童生活、与社会生活脱离的问题，[1]提出了与传统教育不同的以学生、经验和活动为中心的观点。20世纪80年代，我国教育界开展了一场关于学生在教育中的地位的大讨论，最终意识到以学生为主体，强调学生的自主性和主动性，但同时也强调教师仍然要起引领指导的作用。[2]"学生主体，教师主导"这一理念不同于杜威的

[1] 郭法奇.杜威与现代教育：几个基本问题的探讨［J］.教育研究，2014，35（1）：117-123.
[2] 顾明远.中国特色社会主义教育理论70年［J］.北京大学学报（哲学社会科学版），2019，56（4）：5-10.

“以儿童为中心”，这是我国教育工作者立足国内开展的一次教育理念现代化的探索。而中国的国际教育实践正是运用了这一教育理念。

第二，在课程内容上，很多国际学校开设了马术、高尔夫、爵士乐等看起来很“贵族”的课程，这些课程的逻辑起点并不是单纯地以“高大上”来吸引学生和家长的眼球，而是因为这些课程内容本质上是人类文明在体育、音乐等不同领域发展出来的现代内容。财经素养、3D打印、编程、人工智能等课程也常出现在国际学校的特色课程中，这些课程的开设并不是为了凑热闹、赶时髦，实际上是基于教育现代化的生产性、创造性和信息化特征。我们处在人和人交往流动越来越频繁的全球化时代，这要求我们了解并尊重不同的文化，能够和不同价值观的人沟通合作，因此我们的课程内容中越来越多地出现国际元素。未来社会是高度信息化的社会，很多简单、机械、常规的工作将会被人工智能取代，这就需要培养学生的非常规分析能力和非常规人际互动能力。[1]这同样需要新课程内容来承载与实现。总之，教育的内容是要跟上时代的发展，满足现代社会对人提出的更高要求。

第三，在教学方法上，国际学校常常说“我们采用探究式、合作式、项目式学习等多样、先进的教学方法”。这是因为现代社会是一个高度分工和协作的社会，比以往任何一个时代都更加强调合作、协作能力，这就需要改变传统的单一讲授式教学，尽可能为孩子创造真实、复杂的学习情境，真正促进孩子的深度学习。教学评价也是如此，以往传统教育只是通过考试成绩来评价学生，但现代社会对人的全面发展和综合能力提出了更高的要求，而这些能力不能仅仅通过量

[1] AUTOR D H, PRICE B. The Changing Task Composition of the US Labor Market: An Update of Autor, Levy, and Murnane［DB/OL］. Retrieved November 27, 2015, from http://economics.mit.edu/files/9758.

化的成绩来衡量，所以国际学校采用多元评价体系，如通过档案袋评价记录学生成长和取得进步的过程，通过自评、同伴评价和教师评价相结合来还原对学生更完整的评价，通过成果展示等方式给学生更大的发挥空间等。

（2）现代化依然是新时期中国国际教育未竟的事业

当然，由于全球化的不断深入，全球人口的频繁流动和全球生产资源的紧密配置，使得任何一国的国际教育都不可能仅仅携带自身的发展基因，这些不同的基因在不同国家的国际教育中都或多或少地交织融合在一起。如美国的国际教育由服务于“对外援助”而转向越来越关注如何让美国本土的学生具有全球胜任力；中国致力于提高本土教育质量，促进教育现代化的国际教育也随着中国综合国力的增强和国际地位的提升，特别是“一带一路”倡议的提出，也多少带有让中国学生走向世界的因素。

但无论如何，我们必须清晰地认识到，虽然我国在过去的几十年里取得了改革开放和社会主义现代化建设的历史性成就，但是中国依然是一个发展中国家。党的十九大报告明确指出 :“我国仍处于并将长期处于社会主义初级阶段的基本国情没有变，我国是世界最大发展中国家的国际地位没有变。”从2020年到21世纪中叶分两步走，第一阶段（2020—2035年）在全面建成小康社会的基础上，基本实现社会主义现代化；第二阶段（2035年到21世纪中叶）在基本实现现代化的基础上，把我国建设成富强民主文明和谐美丽的社会主义现代化强国。[1]因此，深化教育改革，加快教育现代化，努力让每个孩子都能享有公

[1] 习近平.决胜全面建成小康社会夺取新时代中国特色社会主义伟大胜利——在中国共产党第十九次全国代表大会上的报告.新华网［EB/OL］.（2017-10-27）［2019-10-5］. http://www.xinhuanet.com//politics/19cpcnc/2017-10/27/c_1121867529.htm.

平有质量的教育，依然是未来中国教育发展中需要解决的问题。

2019年2月，中共中央、国务院印发《中国教育现代化2035》[1]和《加快推进教育现代化实施方案（2018—2022年）》[2],强调“加快推进教育现代化、建设教育强国、办好人民满意的教育”，“优先发展教育，大力推进教育理念、体系、制度、内容、方法、治理现代化”，“以促进公平和提高质量为时代主题，围绕加快推进教育现代化这一主线”，提出推进教育现代化的十项重点任务和八大基本理念，提出“到2035年，总体实现教育现代化，迈入教育强国行列。”2019年6月，《中共中央 国务院关于深化教育教学改革全面提高义务教育质量的意见》出台，从五育并举、优化教学方式、促进信息技术与教育教学融合等方面再次对加快推进教育现代化进行了阐释。这一系列文件都表明，现代化依然是新时期中国教育发展未竟的事业。作为中国教育的重要组成部分，作为满足人民群众对美好教育愿望的重要载体，中国的国际教育将在很长一段时间内仍处于内需发展驱动的阶段，因此也必然在一定的历史阶段内依然扮演教育现代化事业探索者的角色。

4. 坚持教育现代化是中国国际教育未来发展的根本方向

明确了教育现代化是中国国际教育的本质，中国国际教育的未来发展方向也就逐渐清晰了，即以顾明远等学者提出的教育现代化为基本理论依据，明确中国国际教育的未来培养目标，然后分析和判断哪

---

[1] 中华人民共和国教育部.中国教育现代化2035［EB/OL］.（2019-2-23）［2019-10-6］. http://www.moe.gov.cn/jyb_xwfb/s6052/moe_838/201902/t20190223_370857.html.

[2] 中华人民共和国教育部.加快推进教育现代化实施方案（2018—2022年）［EB/OL］.（2019-02-23）［2019-10-6］. http://www.moe.gov.cn/jyb_xwfb/s6052/moe_838/201902/t20190223_370859.html.

些国际经验是值得吸收借鉴的，哪些是我们只需采用包容和尊重的态度加以对待，而不必纳入教育体系的。

（1）中国国际教育的培养目标

当前，中国教育改革需要回答“培养什么人，为谁培养人和怎样培养人”三大问题。中国的国际教育需要培养什么样的人呢？显然要培养“能够在现代世界自由行走的中国人”。这可以从两方面来理解：第一，“中国人”。从合法性上来看，我们讨论的中国国际教育是在中国的土地上，为中国国籍的学生提供的教育；基于国家主权产生的教育主权，确保了中国国际教育为中国培养人才、培养中国人才的合法性。从意义上来看，培养学生对国家的认同既是促进国家发展的必然要求，也是增强学生全球竞争力的必然要求。因此，中国的国际教育要扎根中国，培养中国人，培养学生的国家认同。第二，“能够在现代世界自由行走”。当今世界进入了一个全新的信息时代。现代社会的发展对人提出了更高更新的要求。教育首先要为学生适应未来生活做准备，中国的国际教育也是如此，一个人在现代社会生存、发展所需要的能力，比如合作能力、创新精神、国际理解能力、信息素养等，都是我国国际教育需要关注和培养的。

（2）中国国际教育内容

中国社会显然已处在一个全新的全球化的现代生产链条中，因此，教育现代化既是一个时间概念，也是一个空间概念。关起门来搞改革显然是违背当今时代发展的基本趋势的，但在面对世界各国丰富多样的教育资源时，我们必须思考和判断哪些是适合中国教育现代化发展需求的。至少有以下几个基本的判断标准：第一，人类文明的基本价值，如善良、勇敢、公义、尊重、包容等，这些教育理念不应因国别文化的差异而不同，甚至在很长的历史时期内是全人类历史发展的基本价值观，包含全人类共同的美好愿望。第二，新技术的发展给全球带来了共同挑战，这些在新时代背景下产生的新技术，如信息技术、人工智能等，我们也必须加以吸纳并内化到教育教学和学校课程中来。我们不妨开放地学习他国已有的关于新技术学习的成功经验，当然，我国的科学技术也在飞速发展，有的已经步入世界先进行列，如5G技术等。我们也要把自己好的东西自觉地运用到我国国际教育的发展中来，同时保持开放的心态与世界交流。第三，符合未来社会发展基本趋势的价值和内容，如民主平等、契约精神、可持续发展、科学决策等理念和实践。从前人们不谈论人人生而平等，更多强调等级，少数人享有特权，受教育权不是广大普通百姓所能享受的。进入近代，人们开始追求平等、民主。如今，这些理念在现代社会越来越被重视，反映了现代社会中人的需求和美好向往。这些符合现代文明的理念，需要在教育中呈现。

（二）课程目标方面

课程目标是指课程本身要实现的目标和意图。它规定了某一教育阶段的学生通过课程学习以后，在发展品德、智力、体质等方面期望实现的程度，是确定课程内容、教学目标和教学方法的基础。在确定课程目标时，首先要明确课程与教育目的和培养目标的关系，以确保这些要求在课程中得到体现；其次，要在对学生的特点、社会的需求、学科发展等各方面进行深入研究的基础上来确定。

根据项目组回收的有效问卷，国际学校在回答“通过开设国际课程试图培养什么样的人”这一问题时，“国际视野”和“中国情怀”这两个词出现的频率很高。如“具有国际视野、中国灵魂的未来型人才”，“根深中国，放眼世界的国际化人才”，“具有中国灵魂，世界眼光的现代人”，“既有深厚的中国情结，又能昂首挺胸走向世界的优秀人才”，等等。调研访谈中，广州E学校表示：“我们非常希望培养孩子的民族身份、文化认同。一方面这是家长的需求，我们学校的家长大部分是受过良好教育的，有很多具备海外教育背景，他们也不希望把自己的孩子培养成缺乏民族自信、缺乏对中国文化认同的‘香蕉人’；另一方面这是现实的必然要求。缺乏自身文化根基、受‘拿来主义’影响的国际学校是没有市场和发展前景的。”这些表述在一定程度上体现出越来越多的国际学校已经意识到国际教育中对自身价值的挖掘和文化认同培养的重要性。

但是，我们也敏锐地觉察到，很多学校在培养目标的定位上是存在问题的。36%的国际学校提出培养“全球公民”，只有10%的国际学校明确表示要培养“中国人”。很多学校提及“中国情怀”“国际视野”，但是这两者之间的主次关系如何，学校并没有想得很透彻，在认知上常常是把“中国情怀”“国际视野”放在并列的层级描述，认为两者不分主次，甚至是主次颠倒。我们必须清楚地认识到，中国国际教育是要培养“能够在现代世界自由行走的中国人”，“中国人”这一点是最根本的，也是国际教育人才培养目标的出发点和落脚点。因此，国际学校的课程目标虽然需要根据学校和课程的实际情况来确定，但总体上必须坚持一个共同的原则，即课程目标要为培养“能够在现代世界自由行走的中国人”服务，确保培养目标通过课程得以体现。

1. 培养目标——中国人

我国国际学校在实际办学过程中一度受市场利益驱使甚至是被资本裹挟，过度强调和推崇西方的教育理念和体系，以至于忽视甚至放弃了对意识形态安全性的维护，在课程培养目标上抹去了对中国人身份和国家认同的培养。今天，我们必须正视这一问题，重新明确国际学校的课程目标最终要指向“中国人”和对国家认同的培养。在调研中，有少数学校已经意识到了这一点，正如广州F学校S校长所说：“办国际教育，不是说光想着国际的事情就好，更要从国家、民族、意识形态的角度来思考。但是很多时候，我们在教育的一开始没有意识到，直到一些事情发生的时候，可能才会想到意识形态的重要性。如何从没有到慢慢地有，这是教育需要做的，也是做国际教育的人需要认识到的问题。”因此，如果国际学校的课程目标不能服务于培养中国人和国家认同，不是指向培养中国学生对祖国的热爱以及作为中国人的自豪感和责任感，那么国际学校的人才培养目标就无法最终实现，也就不能从根本上解决中国国际教育存在的隐患。

2. 培养目标——能够在现代世界自由行走

早在2005年，美国经济学家弗里德曼（Thomas L. Friedman）就在《世界是平的》一书中明确指出，世界正在被抹平，人类社会已经进入全球化3.0版时代，即继国家、跨国公司后，每一个个体将依托现代科学技术成为推动全球化进程的重要力量。全球化浪潮势不可挡，全球范围内资源和人员的流动也越来越频繁，人与人之间的竞争将更多地超越国家层面而被推到世界舞台中。“如果说我们这一代人还可以选择是否要参与国际竞争，我们的下一代则毫无选择。无论愿意与否，他们都必须参与这个扁平的国际就业市场的激烈竞争，因为即便中国孩子不走出去，来自世界各国的下一代也会进入中国。”[1]同时，随着综合国力和国际地位的提升，中国在国际社会中必将扮演更

---

[1] 滕珺.培养学生“全球胜任力”，怎么看？怎么办？［J］.上海教育，2016（29）：48-51.

加重要的角色，承担更多的国际责任，这必然要求我们保持开放的心态，更多地“走出去”。因此，作为国际学校核心内容和核心竞争力的课程，其目标最终要服务于对学生“在现代世界自由行走”能力的培养。

如何理解“在现代世界自由行走”的能力？简而言之，就是学生需要具备适应未来社会生活并在其中能够获得良好发展所需的能力。实际上，不同国家和国际组织已经开展了大量相关研究。美国早在20世纪八九十年代就开始强调国际教育要适应全球经济竞争的要求，强调培养学生的全球胜任力。2012年，美国联邦教育部发布了《国际教育、国际参与与全球成功》（Succeeding Globally through International Education and Engagement）国际战略公告，强调“全球胜任力不是奢侈品，不是仅仅针对精英阶层，它是所有人必备的技能”。[1] 关于全球胜任力的模型和指标体系很多，其中由美国哈佛大学“零点工程”项目（Project Zero）提出的全球胜任力指标，具体分为调查自身之外的世界、了解自己与他人观点的能力、与各种不同的人有效交流观点、将自己的观点付诸恰当的行动以改进现状四部分，并在指导实践的过程中取得了不错的效果。[2]2017年，《PISA全球胜任力框架》（PISA Global Competence Framework）发布，经合组织将“全球胜任力”分为四个维度，分别是：能够体察本土、全球和跨文化问题；能够理解并欣赏他者的观点和世界观；参与开放、得体并有效跨文化互动；能够为集体福祉和可持续发展采取负责任的行动。这四

[1] US DEPARTMENT OF EDUCATION. Succeeding Globally Through International Education and Engagement［DB/OL］. Retrieved 0ctober 2, 2019, from https://www2.ed.gov/about/inits/ed/internationaled/international-strategy-2012-16.pdf.

[2] MANSILLA V B, JACKSON A. Educating for Global Competence: Preparing Our Youth to Engage the World［M］. New York: Asia Society, 2012, 12.

个维度又由知识、技能、态度和价值观四个不可分割的因素支撑（如图4-1所示）。[1]此前，经合组织于2012年在《为21世纪培育教师和学校领导者：来自世界的经验》（Preparing Teachers and Developing School Leaders for the 21st Century: Lessons from around the World）研究报告中明确指出，21世纪学生必须掌握四大方面的十项核心技能：1）思维方式，如创造性、批判性思维、问题解决能力、决策能力、学习能力；2）工作方式，如沟通与合作能力；3）工作工具，如信息技术和信息处理能力；4）生活技能，如公民素养、生活和职业能力、个人和社会责任。其中，无法轻易被计算机取代的无定式的复杂思维方式及工作方式是最为重要的。[2]

图4-1　经合组织“全球胜任力”框架

[1] 滕珺，杜晓燕.经合组织《PISA全球胜任力框架》述评［J］.外国教育研究，2018，45（12）：100-111.

[2] OECD, Preparing Teachers and Developing School Leaders for the 21st Century: Lessons from around the World［DB/OL］. Retrieved October 20, 2019 from https://www.oecd-ilibrary.org/docserver/9789264174559-en.pdf? expires=1571759978&id =id&accname=guest&checksum=5140AF1276842EB280C19CA01653DE92. 2019-10-20.

不论是空间维度的“全球胜任力”，还是时间维度的“21世纪技能”，其实都是在强调一个人在现代社会生存、发展需要具备的能力，也就是“在现代世界自由行走”的能力。国际学校课程目标的确立也是服务于此。首先，在现代世界行走意味着能够在多元文化社群中与他人和谐共处，这就必然要求课程目标要回应对培养学生沟通能力、跨文化交际能力、国际理解能力、合作能力等的要求。其次，这种行走是自由的，意味着个体在国际劳动力市场和数字化、信息化的工作环境中是具备胜任力、竞争力的，这就要求国际学校的课程目标要满足培养学生创新能力、学习能力、解决复杂问题能力、信息素养、批判性思维等技能的需求。

（三）课程结构方面

课程组织结构简称课程结构，是指把学生的在校学习时间分成几部分，在不同的学习时间内安排不同的课程类型，由此形成一个课程类型的组织体系。课程类型是课程结构的基本要素，课程类型的划分比较多元，主要可分为学科课程与活动课程、综合课程与核心课程、国家课程和校本课程、显性课程和隐形课程等。[1]

国际学校的课程结构整体上呈现多元化的特点。首先，课程的分类标准多元化。以往谈到课程，就只有单一的学科课程，没有其他的划分标准。现在则可根据不同的标准对课程进行分类：学科课程、活动课程、必修课、选修课、探究课程、跨学科课程等。其次，课程类型丰富，光是引进的国际课程，就包含IB课程、美系课程、英系课程、加拿大课程、澳大利亚课程、IPC/IMYC等类别，还有其他各种

[1] 全国十二所重点师范大学.教育学基础（第三版）[M].北京：教育科学出版社，2014：173-182.

校本课程、区本课程、实践课程、主题课程等。其中有的课程因其丰富性和包容性，可以同时划分到不同类型的课程中。而且大多数国际学校实施选修课与必修课相结合的模式，同时自主开发国际特色课程，涵盖艺术、文化、运动、科学技术等多个领域。问卷调查数据显示，文化艺术类课程如茶艺、歌唱、乐器、绘画等在国际学校特色课程中占比最大，编程、STEM、3D打印等科学技术类课程和篮球、游泳、排球、跳绳等运动类课程也比较多，给学生提供了多样的选择，有助于促进学生德智体美劳全面发展。再次，有些学校已经开始有意识地将开设的种类繁多的课程进行结构上的梳理，如上海C学校形成了以国家课程、学校拓展课程、探究性课程为主的课程结构，其中国家课程占比70%，在自主开设的课程部分，发挥双语教学的优势。广州E学校的课程结构包括超学科探究课程、学科探究课程、基础实践课程和课外活动课程（Extra-Curriculum Activity，简称ECA）四大类，同时形成了冬日庆典、锦绣中华（到农村等地区进行社会实践）、世界课堂、书香节、点亮世界艺术家等特色活动。

在课程结构的探索中，有一些学校做得十分细致。如广州F学校IB-PYP（小学项目）根据国家义务教育阶段的规定以及PYP项目的要求，形成了主要由超学科探究课程、学科课程和活动课程组成的课程结构。（1）超学科探究课程是PYP小学的必修核心课程，以包班老师为核心，围绕六个超学科主题（我们是谁、我们身处什么时空、我们如何表达自己、世界如何运作、我们如何组织自己、共享地球），以探究单元（UOI）为载体来开展。每个探究单元超越语文、数学、科学和社会学四个学科界限。（2）独立学科课程也是全体学生的必修课程，在《国家小学学科课程标准》和《PYP学科范围与顺序》整合的基础上开展。独立学科如英语、艺术、体育等，一学期至少要有一次融入超学科单元中去教学。（3）活动课程促进学生个性的发展和学校办学特色的形成，主要包含校本课程和合作课程。课时安排上，超学科探究课程每周12课时，独立学科课程每周21课时，其中英语类课程占12课时，另外还有2课时的选修课。

但是，国际学校在课程结构上仍然需要进一步努力。虽然目前国际学校普遍有多元的课程分类标准和丰富多样的课程类型，但是在这背后，许多国际学校存在课程结构混乱的问题。以前课程类型单一，后来一方面是因为单一的课程无法满足时代对人的全面发展和综合素质提出的更高的要求，另一方面为了争夺生源，需要形成特色课程来吸引学生和家长，所以各类课程开始“百花齐放”，国际课程要有，义务教育阶段的国际学校还需要根据国家要求开设国家课程，此外艺术类、体育类、文化类等特色课程如雨后春笋般涌现，同时还开设探究课程、活动课程、校外课程、校本课程、实践课程、主题课程等。至于这些课程如何组织安排，怎样形成一个体系化的课程结构，很多国际学校其实是无法给出一张清晰的课程结构框架图的。国际教育从业者需要明白一点，课程不是类型越多越好，课程结构也不是越复杂越好。当然，多样的课程结构相比单一的课程结构来说是进步，因为这迈出了梳理课程结构工作的第一步。但这是不够的，国际学校还需要根据学校自身的办学目标、课程目标，结合学校实际情况，对课程进行结构化的梳理，把各类课程按照内在逻辑形成一个有机的体系，形成学校自身的课程结构。

如何衡量一个学校的课程结构呢？课程结构并没有固定统一的最佳模版，因为每个学校都有自身的独特性。但也不是无章可循，好的课程结构在逻辑上一定是自洽的，这至少体现在两方面。一方面是课程内部的逻辑自洽，不同课程的作用、课程之间的关系、课程如何相互作用以达到预期效果等，这些都有清晰的界定；另一方面是看课程结构与学校办学目标、课程目标、学校文化、学校资源和条件等方面是否匹配，课程结构是否能促进学校目标在实践中的落实等。国际学校要想打造属于自己学校完整的、结构合理、逻辑清晰的课程体系，就必须具备课程建设的专业内生能力，而这正是许多国际学校尤其是新兴国际学校十分缺乏的。没有专业的课程内生建设能力，国际学校在办学实践中就很容易停留在表面的热闹上，看上去什么类型的课程都有，实际上却杂乱无章；开设了很多课，教师们很辛苦，但整体办学水平并没有很大的提升。因此，国际学校需要努力培养并不断提高自身课程建设的专业内生能力，加快形成逻辑自洽的课程结构。

（四）课程内容方面

课程内容是课程的灵魂，课程内容的质量在很大程度上决定了课程的质量，从而影响课程目标乃至学校人才培养目标和教育目的的实现。中国国际学校的课程内容经历了一个不断丰富的过程，项目问卷中关于学校选修课开设数量的统计十分有力地说明了这一点。在调查的国际学校中，约40%的样本学校开设了超过20门选修课，超过四分之一的国际学校的选修课数量大于40门，甚至有8%的样本学校开设了超过100门选修课，为学生提供了丰富多样的选择。课程内容的丰富可以从两方面来分析。一方面在课程内容中不断加入中国元素。如广州E学校将中国传统乐器葫芦丝作为音乐教育的普及课，并且在课间设置茶艺时间，学生们可以一边享受古琴带来的美妙音乐，一边享受茶的馨香。还有很多学校也将传统文化作为学校课程内容，或开展传统文化相关课程，如书法、戏曲、剪纸等，或将传统文化融入课程和教学中，如成都I学校在“知识理论”（theory of knowledge）课程中，把中国哲学与西方哲学内容相融合。此外，国际学校积极开展与传统文化相关的庆典活动。另一方面，文化多样性被不断加入课程内容。如广州E学校将高尔夫课设成一至四年级学生的体育普及课，五至六年级则是棒球。还有的学校开设爵士舞、拉丁舞等课程。需要指出的是，这些课程的设立不仅因为它们是现代体育、现代舞蹈的组成部分，而且因为“让每一个个体都可以享受运动带来的健康和艺术带来的美感”，“让这些不再是少部分人才能享受的奢侈品，而是面向每一个人”，这背后更多的是体现一种现代精神。所以，高尔夫、棒球等课程不是致力于培养少数运动天才，而是让每个学生都可以习得对应阶段所需要掌握的动作技能，从而促进当下的体育锻炼以及为未来的体育学习打下基础。西方舞蹈课程也不是为了培养舞蹈家，而是让每个学生在音乐中律动，可以和音乐产生联结并且感受到音乐的魅力。西方现代艺术的学习也不是为了培养少数艺术家，而是要建立起学生对美的概念和感受，学会欣赏美、创造美。上海D学校艺术教室的墙上贴有关于设计的海报，其中专门有海报讲到设计原则：平衡、统一、节奏、比例、强调、对比。这并不是说期望每个学生都要成为设计家，而是要在这一过程中向学生传递设计的理念和原则，教会学生如何在设计中感知美，以及如何通过设计去创造美。

中国元素的加入在一定程度上体现了国际学校在发展过程中的转型，由奉行“拿来主义”到开始尝试挖掘自身教育的价值。就像广州G学校R校长所说的，学校先是经历了“搬运工”阶段（1.0阶段），再到有意识地进行国际教育本土化的“混合运算”阶段（2.0阶段），尝试对西方课程做一些加法和减法，目前则正在经历“融创”

阶段（3.0阶段），以中国根基、中国课程、中国教育传统为底色，吸收境外课程的可取之处进行融创。也有学校开始更大范围、更深程度地加入中国元素，而且有的国际学校在这一过程中已经形成了独具特色的课程内容。如上海D学校义务教育阶段以上海课程为基础，吸收融合国际课程，最终形成“上海+”课程，高中阶段是“国际+”课程。他们在这方面做的非常重要的一件事情就是对标课程标准，组织力量把上海市教委制定的《普通中小学课程方案》《上海市中小学各学科学习领域课程指导纲要》《上海市中小学各学科课程标准》共计十多万字翻译成英语，再由各学科组的由中外籍教师组成的团队把上述三个重要文件与IGCSE、IB课程进行对比分析研究，分析在目标、内容、评价方面，哪些是上海做得比较强，哪些是国际课程做得比较好。后来又将上海课程标准与IPC进行对标，从课程理论与学科教学目标、内容与评价标准方面进行对比分析，采用IPC跨学科教学方法，在坚持上海课程的理念、标准、方案与教材的基础上进行创新与发展。“对标后发现至少70%至80%是合拍的，但是课程内容在时间序列上有些错位，排列结构上有差异。比如国外生物课在较低年级阶段就开始上了，数学课特别强调概率。”需要指出的是，关于国外数学课对概率的强调，实际上反映的是课程内容的现代化。统计与概率是现代化的内容，在现代社会中占据重要地位，在大数据时代将发挥越来越重要的作用，因此也是课程的重要内容。

中国国际学校在课程内容方面取得了很多进步，但是也不能忽略存在的问题，其中最根本的就是缺失培养中国人和国家认同的内容。项目问卷的数据显示，样本中超过四分之一的国际学校未开设国家课程中规定的“三科”（语文、历史、道德与法治），即使除去其中3.8%的外籍人员子女学校，仍有超过20%的国际学校未满足国家课程规定。访谈中上海C学校L校长表示，有些国际学校作为中国本土的学校，招收的都是中国公民，但是上的全是西方课程，接受的是全西方式的浸润式教育，这种国际教育培养出来的学生又如何能爱自己的祖国，对国家产生认同感和归属感？又如何为国家建设努力奋斗、作出贡献呢？国际学校的课程内容不能缺少国家认同这一非常重要的部分，必须在课程中扎扎实实地落实，致力于培养中国人。还需要特别说明的是，虽然很多国际学校在课程内容中加入了中国元素，尤其是传统文化因素，但这并不等同于也不能代替国家认同的培养。这一点，前文已有所强调。传统文化让学生更好地了解中华文明，也在一定程度上强化了学生对中华民族身份的认同，但这跟国家认同还是有所区别的。这种认同是对现代国家的认同，属于现代社会的内容，是现代社会的产物。所以，国际学校要意识到，仅仅引入传统文化并不够，还要有专门的课程内容培养学生对现代国家的认同。

课程内容是选择的结果，人类文明浩如烟海，我们只能从中选择有限的内容呈现给学生，那么选择的依据和标准是什么呢？其实还是要回到培养“能够在现代世界自由行走的中国人”上来。一方面，培养国家认同的内容不能少；另一方面，凡是可以促进提升学生在现代世界自由行走能力的内容，都可以纳入课程。

（五）课程实施方面

“中学为体，西学为用”是国际学校课程实施中的重要特色，我们通过访谈发现，许多国际学校在进行课程的中西融合时，运用国际课程的教育理念、课程框架与学科指南、教学组织形式、教学方法进行教学，并根据学校自身的实际情况，结合中国教师和学生的特点，将国际的教学方式本土化，创造出适合中国学校的教学方式，将中国学生的母语、国情和文化价值观与国际课程的丰富的探究学习经验和批判性思维训练联系起来，在课程实施过程中注重培养学生的跨文化理解和交际能力。

多数国际学校紧紧围绕育人目标与课程目标实施教学。通过分析9所国际学校的访谈资料，可以发现大部分国际学校注重将学校育人目标、课程目标体现在教学实施过程中，立足课程标准和核心素养，把课程标准转化为具体、清晰、可操作、可测量的单元学习目标，并通过多样的教学方法和手段，培养学生的“21 世纪核心素养”，在课程实施过程中注重营造安全、自由、宽松的课堂氛围，激发学生的好奇心和求知欲，培养学生的兴趣爱好，让学生能够独立思考、自由探索、积极创新。

在教学组织形式上，大部分国际学校采用固定编班与走班制相结合的模式。这种模式能够根据不同课程类型灵活安排，最大程度调动学生的自主性与积极性，提升其主体性和责任感，培养其独立自主精神，促进学生的自我实现。选课制是多数国际学校采取的课程组织形式，在一定比例的必修课之外，学生能够根据自己的需要、兴趣与能力自主选择部分选修课程。国际学校开设了丰富多样的选修课程，能够在一定程度上满足不同学生和家长的教育需求。

在教学方法上，讨论、小组合作与讲授法是国际学校使用较多的方法。可见，与传统教学方式中强调基础知识与技能不同，国际学校普遍重视对学生沟通协作能力的培养和自主思考能力的锻炼，注重培养学生的创新意识，帮助学生掌握受益终身的学习方法与思维方式，养成终身学习的习惯。项目式学习也是部分国际学校的常用教学方法，项目式学习为学生提供真实的情境，注重帮助学生解决真实世界中复杂的、非常规的且具有挑战性的问题，培养学生知识迁移、沟通合作、批判创新的高阶认知能力和工作方式，培养学生的系统思维和目标意识，是众多国际学校的共同选择。大部分国际学校在课程实施过程中承认学生的差异，多采取分层教学的方式，注重为学生提供个性化教育，强调因材施教，培养学生的个性与创造性。由于传统单一的分科教学已经无法满足学生综合、全面发展的需求，国际学校充分吸取国际课程教学中的跨学科融合的经验，强调学生的跨学科探索。如上海D学校，在探索课上外教带领学生在种植园中一起种玉米、蔬菜与水果，还自己动手做化肥，将劳动教育、艺术体育、科技知识融入课程中；还将种植课和陶艺美术课结合在一起，让孩子把在种植园自己动手种植的植物画下来，再制作成陶艺作品，培养学生的德、智、体、美、劳的综合能力，促进学生全面发展。课程实施过程中，大多数国际学校重视通过信息技术来改进教学方法，提高教学效果，适应现代科学技术的挑战。在课堂教学中重视信息化教学，注重培养学生主动搜寻、正确处理信息、运用信息技术分析解决问题的能力，提高学生的信息素养。

在学生学习方式上，自主学习是国际学校学生采用最多的一种方式。但是需要注意的是，自主学习固然强调学生的主动性，有助于培养学生们主动思考、自主发现的能力，但是教师承担的角色和责任并不能因为学生采取自主学习的方式而有所消减，教师要对学生学习的内容与发展进程进行整体把握和引导，为学生提供发展方向上的宏观指导和学习过程中的具体帮助。

在根据国际课程框架与标准实施课程时，发展较成熟的学校没有拘泥于国际课程的概念体系，而是根据学校情况进行了一些调整，灵活运用学校资源，发挥学校优势，探索适合本校的课程实施的新模式，凸显办学特色。例如，探究式教学在国际学校很受欢迎，但由于存在文化上的隔阂，国内教师在理解IB探究循环体时不能深入、透彻地进行把握。基于此，广州E学校在多年教学经验中提炼出快普乐探究教学法（QIPRA），让学生通过提出问题（question）、寻求探究（inquiry）、展示成果（present）、感悟反思（reflect）和实施行动（action）这五个步骤进行探究，该教学法的提出实际上是对国际化教学方法的内化与创新，既符合学生学习规律和教育发展规律，也为教师落实国际教育理念提供了抓手。

在授课语言上，大多数国际学校强调外语的重要性，但是目前部分发展成熟的国际学校更加强调母语对促进学生认知发展、锻炼思维深度、增强民族文化认同感的重要性。因为中国学生在思考问题时首先会用母语的思维方式，在涉及深度思考时更是如此；并且母语的使用有利于培养学生的民族文化认同感和国家认同感。正因如此，部分国际学校如广州E学校、广州F学校等重视母语教学，超学科探究课程也用中文授课。广州E学校采取半浸入式双语学习，学生和外教有半天的外语交流，目的是还原一个真实的外语对话沟通情境，重视情境的创设，而在剩下的教学时间里依旧十分强调和重视学生的母语交流。

教师对课程实施的效果产生重要影响，通过调研发现，提高教师素质、注重教师专业发展是国际学校办学成功的共同经验。国际学校注重运用校内外多种资源对教师进行培训，培养教师对国内和国际课程的深度理解，提高教师的跨文化、跨学科教学的能力，部分学校已经形成了相对较完整的教师专业发展制度，帮助国际学校教师从入职开始学习，不断成长为该领域的专业人士和带头人。

在问及“国际学校课程融合与开展过程中面临的挑战”时，“文化异质”与“内容把握”被大部分国际学校排在前两位。对于大部分国际学校来说，中西课程融合还停留在表面阶段，国内课程与国际课程融合的深度不够，国内外课程目标和内容的有机融合亟待加强。部分国际课程的内容不完全适合中国学生的需求，但是学校未能根据本校学生和教师的实际情况灵活地进行调整，在校本课程研发、国际课程落地实施过程中都比较死板。“语言障碍”与“课时限制”也是国际学校课程融合与开展过程中面临的挑战，在课时比例上，国内课程占据的时间较多，这就对国际课程与融合课程的实施造成了一定限制。事实上，语言障碍、课时限制、内容把握与文化适应是课程融合由浅到深的四个阶段。课程引入首先会涉及课时的安排、外来课程的语言翻译与适应，再上升到内容整体把握，最后则是深层次的文化适应与理解。办学时间较长的国际学校的国际课程的融合与开展已经经历了前两个阶段，当下国际学校面临的更多的是深层次的内容消化与文化理解。此外，标准化考试对课程实施造成的冲击、学生水平参差不齐、师资力量不足等也是国际学校课程融合与实施过程中面临的挑战。

民族文化认同和国家认同问题也是国际学校中西课程融合过程中面临的巨大挑战。以历史课为例，国内历史课程按照时间发展顺序编排课程内容，并会对一些历史事件做出结论性评价，但是国外历史课程会打乱时间顺序，以某类事件为顺序安排教学内容，并且不会给出结论性评价。那么，历史学科融合过程中如何在保留一些既定结论的前提下既培养学生的国家认同感，又培养学生的批判性思维呢？这是国际学校面临的共同问题。许多学校用“民族文化认同”这一概念替代“国家认同”，然而这两个概念的本质是不同的，在学校开设中华传统文化课程可以培养学生的民族文化认同，却无法代替国家认同。许多国际学校强调培养世界公民，但正如檀传宝教授所说：“不强调国家认同，不通过爱国主义教育去凝聚民族力量，奢谈许多抽象的超国家价值观念，就显得既不现实也不公平。”“爱国主义是人们对祖国一种深厚真挚的归属性情感，但在空间维度，爱国主义既不是一个狭隘的民族主义的概念，也不是一个将国家认同与其他身份认同完全对立起来的归属感。”“从公民身份角度看，‘爱国’与‘爱人类’的结合，本质上是要实现国家公民与全球公民身份认同关系的辩证统一。”[1]在国际学校课程融合过程中，如何坚持爱国主义教育的批判思维、个性原则和建构立场，是需要国际学校管理者与教师共同思考的问题。

此外调查发现，国际学校教师较少鼓励学生思考本土问题和讨论全球问题，这与大部分国际学校在培养目标上强调的“中国情怀、国际视野”不相符，这也说明大部分国际学校教师在教学过程中不注重将学习内容和国内外发展的实际问题相联系，不利于培养学生正确认识和解决问题的能力，不利于学生辩证思维的发展。国际学校应鼓励学生认识自己所处的时代背景，将个人发展置于时代发展的大背景下，加深对本土问题与全球问题的了解，只有这样，学生才能具有在世界范围内自由行走的能力。

目前，大部分国际学校在教师管理与专业发展方面存在问题。首先，在教师管理方面，优秀教师尤其是优质外籍教师数量短缺。其次，目前大多数国际学校教师不能同时深入理解国内、国际两种课程体系，缺乏对国际教育的深入理解与研究；同时，由于中外籍教师的教学理念存在较大差异，在教学过程中难以深入、有效地沟通配合。其三，国际学校教师队伍整体上偏年轻化，年轻教师思想较

[1] 引用自《爱国主义教育的时空之维》，由檀传宝教授于2019年9月29日发表于“德育We学园”公众号，网站地址：https://mp.weixin.qq.com/s/5mXW-WjslDFKcO90OHK8GQ.

灵活，敢于尝试新的教学方式，但教学经验较少，教师队伍稳定性差，许多国际学校缺乏学术带头人。其四，大多数国际学校教师工作量较大，在教育研究方面能够投入的时间和精力不多，因此难以及时理解和运用新的课程理念，导致在课程实施过程中，实施课程与理念课程的差距较大。

（六）课程资源方面

与传统学校相比，国际学校可资利用的课程资源更加丰富，在整合利用校内外信息、物质、文化、人力资源，为课程开发与实施提供保障方面，国际学校具有独特优势。

在信息资源上，许多国际学校善于借助更广的平台，与国内外知名教育集团、教育组织、高等教育机构结成战略伙伴，并积极参与国际学校之间的交流合作，一些国际教育联盟如国际学校协会、美国西部学校联盟等对学校课程及教学等方面也会提供一系列支持。大部分国际学校将课程大纲视为重要的课程资源，也会将推荐的教材、国家课程标准作为重要的资源进行参考；发展较成熟的国际学校会将国内外网站上的资源与内容作为重要的素材性课程资源。在课程开发过程中，一些发展较成熟的学校会整合利用校外高质量机构来运营学校各种课程，这些机构的优势在于对国际课程有较深入的认识，与国内外高等教育机构有着较为密切的合作和资源。它们会引进国内外优质课程，购买第三方课程服务，保障课程的多元化与质量。先进的教育信息技术是提高教育质量的重要工具，大部分国际学校在管理上积极利用大数据进行教育管理与决策；在教学过程中注重使用信息技术提高学生的参与度与积极性，建立学生发展的数据库，通过网络平台将课程内容、大纲、资源、小测结果等及时通知家长，为学生提供个性化、精细化管理与服务。部分学校也设置了教师专业发展的网上平台，利用信息技术加快教师发展。

物质资源方面，大部分国际学校设有综合体育馆、专业美术教室、专业书法教室、专业工艺教室、专业音乐教室、专业舞蹈教室、游泳馆等专业教室，资源丰富多样。部分学校充分开发利用学校的场地和资源，如修建地下运动场馆、跑道和综合类场馆，扩大学生的学习和活动空间。

文化资源上，一些国际学校善于利用当地地域特色或周围社区资源，如当地文化名人、自然文化、非物质文化遗产等开发课程，为学生学习和发展提供真实、多元、复杂的环境。如由于地理位置临近黄埔军校，广州E学校的一个特色课程就是把黄埔精神课程化。每个年级根据学生身心发展不同阶段的特点，把黄埔精神融入学生的主题课程中去，也会举办一些主题活动，如参观黄埔军校旧址纪念馆，邀请馆员和孩子们分享黄埔人物的故事，周日朗读，邀请黄埔军校校友的后代来学校和孩子们进行面对面交流等，培养孩子们自强不息的黄埔精神。现代教育的一大特征就是与生活实际、生产劳动相结合，许多国际学校会带领学生走进大自然、走进社区、走进农村地区进行社会实践，增强学生对生命的感知和理解，对不同社会文化的接触，让学生更多地了解真实的社会生活。

人力资源上，家长是学校课程开发与实施的重要资源，对于国际学校来说更是如此，与传统学校相比，国际学校家长参与课程建设的深度与广度更高。大多数国际学校会借助社区和家长的力量，开设家长课堂、家长工作坊等多种形式的课程活动。除此之外，家长们不仅积极为学校课程开发与实施提供人力与物力资源支持，还会为学校课程建设出谋划策，贡献自己的智慧力量。例如，上海C学校在组织艺术团，开设艺术与音乐教育时，学校承担建立前期框架与规划指导的工作，而家长群体才是后期课程实施的主要力量。由于部分家长本身就从事音乐教育，部分家长有着丰富的人脉资源，因此学校充分利用家长群体的力量，在定期与家长沟通，进行必要的监督与管理的基础上，调动家长广泛、深入、系统地参与到课程实施中。广州F学校也把家长和社会名人视为重要资源，邀请家长和社会名人进入教室或者由他们主导某个教学或者研学活动，这也是学校把世界带进教室的一个重要组成部分。此外，在教师专业发展与课程培训上，部分国际学校也会积极邀请课程与教学专家做指导。

学校环境建设对课程落地实施起着重要的支撑作用，在校园环境设置上，一些办学经验丰富的国际学校重视课程实施过程中的环境营造，强调环境对学生发展的作用。因此在课程中注重设置与课程目标相关的材料和环境，使环境与学生的活动相融合，通过提供恰当的物质环境、精神环境、知识环境和人际环境，为学生内化课程内容提供支持。上海D学校就以“让校园内的每面墙都会说话”的理念，把校园环境设计得非常精致，学校处处体现着学生的主体性，如学校图书馆门口设置了“图书心愿栏”，当学生对某本书产生浓厚兴趣而本校图书馆里没有相应资源时，学校鼓励学生把这本书的书名写在纸上贴在该栏中，图书馆教师将会通过多种渠道，如购买或者外借，帮助学生获取到该图书。教学楼楼道墙壁上悬挂张贴了很多由学生参与设计并制作的艺术作品，学校设有春、夏、秋、冬四个学院，由于这是由师生跨年级组成的社团，所以学生特别喜欢，他们会充分利用各种材料，制作出春、夏、秋、冬四学院图。而校园角落中不起眼的小设施和材料也都处处激发着学生的创造性，在专业艺术教室墙壁上便张贴了艺术设计的原则图，为学生参加该课程时营造了十分专业、温馨的环境。教学楼入口还张贴了学校第一届毕业生给学校职工的寄语，在日常学习环境中进行德育工作，让学生在潜移默化中将尊重与感恩的情感传承下来。上海B学校K校长也表示："儿童成长环境的打造是学校的最大特色，环境的设计是学校教育最需要解决的问题。课程落地的时候是环境在起作用。因此我们给孩子成长空间，关注教师福祉，营造校园文化氛围。我们也注重营造适合外教的社区环境。"

调查结果同时发现，资金、场地、教学设备等硬件设施短缺是阻碍部分国际学校课程开发与实施的重要问题。还有一些学校没有充分开发利用好现有的教学场地和设备，大量教室和室外区域处于闲置状态，重金购置的教学设备由于使用频率过低而没能发挥应有的功能，在灵活开发与创造性利用物质资源这方面，部分学校有待加强。

另外需要指出的是，有些学校没有充分意识到国内课程标准的重要性，过度依赖国外课程资源，导致学校在课程开发与实施过程中未能较好地实现国际课程的本土化，在中西课程融合过程中片面强调国际课程，人才培养的定位和方向不明晰。此外，大部分学校对于开发利用环境的意识有待加强，只有少部分学校注重搭建有助于课程系统稳定实施的环境。很多学校楼道、走廊和专业教室的环境布置不够丰富，未能营造生动活泼的学习氛围，提供专业的指导材料，在课程实施过程中也未能提供与课程内容和活动配套的资源，导致学生在内化课程时不够深入透彻。

（七）课程管理和评价方面

由于各国际学校的学段、国际课程等不同，国际学校没有统一的课程管理架构，但是由于同时涉及国内课程与国际课程，为实现中西课程的融合，多数国际学校在主管教学的副校长下设置项目协调员和教学主任，前者主要负责国际课程的实施，后者的主要职责是落实国家课程。项目协调员和教学主任下设学科协调员和年级协调员，前者保障学科发展的协调一致，后者负责年级发展的协调一致。此外，有的学校还建立由学生组成的自治的学生团体，以促进学生之间广泛的合作和学习任务的完成。发展相对成熟的学校还会设置类似“课程资源中心”的机构，以保障和支持课程开发与实施。

这样的课程管理架构与传统学校相比更加扁平化，组织内部的运作更为流畅，信息沟通传递的速度加快，提高了管理效能。将管理权下放到年级协调员这一管理基层，使得年级协调员在策划安排年级组的教育教学活动时更加灵活，根据学生的发展情况和特点及需要进行管理，提高了教育管理的针对性和有效性。在全体参与管理的过程中，管理层、中间层和基层沟通协调的机会增多，调动了教职员工的积极性，营造了和谐的组织管理氛围。

管理层的开放性与稳定性也是成熟国际学校重要的办学经验。根据调研，许多国际学校将优化的学校管理、校长对课程的优秀的领导力、成熟的课程管理机制视为其办学与课程管理的优势。一部分校长从事国际教育的时间较长，对国际教育的本质和国际学校、国际课程在中国的发展有着较为深入的认识，在学校课程开发、实施和评价过程中具有较高的战略眼光，能够带领学校教职工不断探索国际化办学的发展之路。

国际学校在课程建设方面拥有着较大的自主空间，大部分国际学校在满足国家课程标准的基础上，都会依据地方经济发展的条件、需求，并且结合本校的资源和师资情况，兼顾学生的基础与兴趣，制订富有学校特色的教学方法与框架，拟定个性化的学校教学计划。在这样的学校教学计划中，课程开设的顺序、各类学程课时的配比、课程实施策略、教学工作的要求、课程自我评价的方法都凸显国际学校自身的办学特色。一些发展相对成熟、办学经验丰富的国际学校已开始进入自主研发课程的探索阶段，如上海D学校的“上海+”课程坚持上海课程的理念、标准、方案与教材，引进、吸收、融合国际课程中符合我国教育方针的课程理念、教学内容与评价方法。“国际+”课程融合了上海课程和精选国际课程，开设IGCSE和IBDP课程，同时做好中方四门课程（语文、道德与法治、历史、地理）的教学工作。上海B学校也采用自主研发的课程体系，在国际课程本土化的过程中逐步总结、发展出学校现行的“国际融合课程”，在课程设计时注重课程的模块化、多元化、阶梯化，对课程的内涵、特色价值、各部分逻辑关系进行了阐释，用近十年的时间搭建了本校的课程框架性指南，以期实现国家课程与国际课程的有机融合。在国际课程本土化的基础上，部分发展成熟的国际学校已经开始思考和探索中国课程国际化的问题，探索中国课程“走出去”的路径。

值得一提的是，多数国际学校充分吸收了传统学校的教研制度体系，学校会把年度课程与教研目标分解为学期目标、月度目标、周计划，每周都会在学校、年级、班级层面组织不同形式、不同主题的教研活动。为促进中西课程融合，许多国际学校的教研活动尤其是备课活动都采取中外籍教师协作的方式进行。通过调查发现，大部分国际学校教师平均每周要参加2—3次教研活动，通过集体备课与研究，分析课程实施情况和学生情况，也会邀请知名教研员进行指导，这对教师专业发展与课程实施都十分有利。上海D学校一至十二年级不同学科都能做到在每一个教学周期进行至少一次分学段的学科组备课会议，初高中主要分IGCSE和IBDP，小学主要分低小段与高小段。在此基础上，学校每一个教学周期内，同一个年级、学科也要有一次集体备课，主要分析教材、教学方法、单元教学的目标与评价。另外，同一个年级、学科的教师也要在班主任和年级组长带领下下分析学生情况，判断哪个学生有特殊教育需要，为其提供何种支持。上海D学校的教研活动主要有三种形式：一是在学年中持续进行集中培训，邀请专家进行讲座、报告；二是跨学科、跨年级的常规教研活动，由中外籍教师共同进行；三是开放性教研活动，邀请市知名教研员每周来听评课，让教师了解、学习公办教育以及国际教育事业的发展。开放性教研活动给学校教师专业发展提供了很好的空间，为学校教师专业学习创造了良好的氛围，学校为每位教师发展建立了专项基金，这一系列举措都使得教师的视野更加开放。

在课程评价上，大部分国际学校课程管理者对于社会发展、人的发展、教育发展以及三者之间的关系有着明确的认识，树立了正确的人才观与教育观，让学校和课程在正确的目标指引下健康发展。大部分国际学校在课程评价时紧紧围绕学校育人目标与课程目标进行，始终关注目标的实现程度。例如，上海B学校在评价课程实施情况时，注重把学校育人目标落实在课堂中，对学生的目标意识与责任感、沟通合作技巧、探究能力、批判性思维等的培养程度都成为学校评价课程实施过程的指标，要求课程实施扎根本土与全球两个语境，注重与世界建立连接，以培养学生的本土情怀与全球视野，体现学校全人培养、技能培养、素养培养的理念。

在评价学生时，国际学校要求培养出的人才不仅有丰富的知识，而且要有独立思考的能力、终身学习的习惯和勇于创新的精神，注重培养具有国际视野、关心和了解国际形势与发展、了解多元文化、懂得国际规则、具有国际交往能力的人。因此学生的批判性思维能力、科学与信息素养、创新能力等现代人的品质成为国际学校学生评价的重要标准。

在学生评价的方式和手段上，学校不断探索更科学、适切的考评方法和形式。教师、学生和家长的三方会谈是学生评价的重要途径，评价的目的不是为了给学生划分等级，而是为了让家长和学生更清楚学生发展到了什么阶段。大部分国际学校重视对学生的过程性评价，建立学生成长档案、学生评估手册等，对学生发展过程进行记录并作为评价的重要参考资料。

在参加国际测试时，我国国际学校在不断发展的过程中，从简单接受国际测试规则转变为开始根据我国实际情况发出自己的声音。正如广州F学校S校长所说："在做国际教育的整个过程中，有两点体会非常深刻。一是英语不是中国人的母语，所以对国际项目的理解不如母语为英语的人理解得那么深刻；二是国际课程毕竟是起源于外国，刚开始接触的时候，我们不能随便提出意见，但在不断实施和研究国际课程的过程中，我们这些国际教育从业者都已经成长起来了，我们更强大了，就敢于在IB体系发出一些声音。"用外语答题限制了学生深度思维的发展，不利于我国学生创造性的发挥，因此经过争取和博弈，中国国际学校学生的TOK文章、CAS总结都可以用中文进行写作，这是我国国际学校在参与国际评价时的重大贡献，将中国学生的母语、国情和文化价值观与IB课程实施和评价结合起来，有利于维护我国的教育主权。引进并实施国际课程的过程不是简单的"拿来主义"。日本引入国际课程的时间早于我国，日本自1979年引入IB课程以来，在逐步探索的过程中积极将IB课程与本国课程融合，为了解决在实施IB课程时面临的多种问题，如外籍教师难以保证，全英文授课方式使学习者群体受限以及文化观价值观层面的问题日本政府开始推进日语DP项目、IB日语全球考项目，目前经济、历史、生物、化学、物理、数学等科目都可以用日语授课。当然，为了保证学生的外语能力，学生所选科目中要求必须有两门用英语进行修习。上述项目是日本国际教育界主动对IB课程在本国实施进行的调整和改变。随着我国对国际课程实施和研究的逐步深入，我国国际教育工作者也开始尝试根据本国情况对国际课程的实施与评价进行灵活调整。

但是，对大多数国际学校来说，如何保障课程的体系性、连续性依旧是课程建设与管理面临的挑战，国际课程与国内课程以及各类国际课程之间的联系还没有建立起来。课程体系和内容的顶层设计需要加强，国际学校课程领导者对不同教育理念应持更加开放包容的态度，真正做到课程的中西融合，对课程建设给予更多资源与管理上的支持，带领学校教职员工一起深入推进课程建设工作。

此外，国际学校目前的课程管理架构设计也存在一定弊端，国际课程与国内课程在课程管理体系中分工明确而严格，不利于中西课程的交流与融合。部分发展成熟的国际学校会采取中外校长联系制度或在教研过程中将国内、国际课程的协调员集合起来共同研讨，但在组织制度和管理结构上，国内课程与国际课程的分而治之依旧是阻碍课程融合的一大因素。在今后的发展过程中，可以考虑进行适当调整，逐步加强国内、国际课程管理者之间的沟通和协作，在课程管理体系中将两者统合起来。

此外，问卷调查的数据以及访谈结果显示，大部分国际学校并不参加当地区县的重大考试，而主要进行学校的内部评估和参加国际测试。只有少部分发展成熟的国际学校会选择性地参加国内重大测试，以衡量学生的发展水平和教学质量，检测国家基础课程的落实情况，并根据测试结果对本校的课程管理与实施进行适当调整。实际上，国际学校并不需要刻意回避国内测试，如区县、省市等的统一考试，相反，这是检测自身教学质量和办学水平的重要机会。国际学校需要更加勇敢、坦然地面对这一问题，并积极利用国内考试来不断促进自身教学和办学水平的进步以及学校影响力的提升。

在课程评价方面，大部分国际学校存在混淆课程评价与学生评价这两个概念的问题，在问及课程评价的问题时，多数学校的回答都仅仅指向学生评价。事实上，课程评价包括对课程内容、教学过程以及教学结果的评价，学生发展结果评价只是课程评价的一部分。而且，近三分之一的国际学校尚未建立国际课程评价的成文制度，国际学校完整、系统、科学的课程评价制度体系建设有待不断完善。

总之，中国的国际学校在过去数十年的发展过程中，探索了中西课程融合的多种途径，并取得了一定的经验和成绩，但这些经验尚未形成行业的集体智慧，而是分散在少数学校中。此外，国际学校仍面临着从课程目标到课程评价的整体的、系统的整合和重构，建构中国特色的国际课程体系依然任重而道远。

五、中国国际学校课程建设倡议书

根据1993年国务院《中国教育改革和发展纲要》中关于“进一步扩大教育的对外开放，加强教育交流与合作”和国家实施科教兴国战略，促进民办教育事业的健康发展。鉴于新时期中国社会经济的快速发展，改革开放的不断深化，国际地位大幅提升，以及2016年中共中央办公厅、国务院办公厅印发《关于做好新时期教育对外开放工作的若干意见》，2018年全国教育大会精神，2019年中共中央、国务院印发《中国教育现代化2035》《关于深化教育教学改革全面提高义务教育质量的意见》和《关于新时期推进普通高中育人方式改革的指导意见》等系列文件中开创教育对外开放新格局，助力推进教育现代化、建设教育强国的基本要求。

我们倡议，所有的教育工作者，特别是国际学校的教育工作者从现在起，一起思考，教育如何为中国作为一个负责任的大国在国际舞台上发挥积极作用做好相应的人才储备，教育如何为中国青年未来在全球范围内有能力过上有品质、有尊严的生活，同时为民族、为国家、为人类命运共同体作出更积极的贡献做好准备。

为此，我们致力于重构新现代课程，这个课程以培养“能够在现代世界自由行走的中国人”为目标，在广泛吸收世界各国课程开发经验的基础上，扎根中国大地，博采众家之长，探寻共同之道，通过建构更现代的课程内容体系和更合理的课程结构关系，为孩子提供更丰富、更多元的课程选择；通过吸收更丰富的课程资源，采用更现代的课程实施方式，依靠更专业的师资队伍，让学习真正发生，让全球胜任力真正落地；通过完善更有效的课程管理体系和更科学的课程评价体系，确保学生、课程和学校的可持续健康发展。

为此，我们需要一次集体的文化自觉，由内而外、自下而上地探索以“现代教育”为基本理论依据和方向指引的理论体系和实践，建构中国自己的国际教育话语体系、中国自己的国际课程体系和中国自己的国际学校质量标准。这既需要勇气，更需要扎实的干劲和理性的思考，甚至是长年不懈的坚持。事实上，我们已经有了很多充满想象力和创造力的积极的、有益的探索。相信在大家的共同努力下，在彼此真诚开放的交流中，中国的国际教育也将不断开创高品质教育的新未来！

参考文献

（一）中文文献

白玉平，曲铁华.冷战时期（1950—1974）美国国际教育政策探析［J］.外国教育研究，2017，44（5）.

陈峰.国际化学校的若干问题研究［J］.教育导刊，2006（4）：12-14.

陈吉菁.国际课程的本土化开发与实施研究——以上海市S小学IBPYP为例［D］.上海：华东师范大学，2016：1-3+21-23+39-41.

陈时见.全球化视域下多元文化教育的时代使命［J］.比较教育研究，2005（12）：37-41.

埃克.人类发展史上最激动人心的奇迹［N］.参考消息，2018-01-01（14）.

2016年IB课程年度回顾.IB国际文凭课程年度分析报告（2016年版）［C］.北京：北京新学说文化传媒有限公司，2017.

顾彬彬.国际文凭项目研究［D］.上海：华东师范大学，2006.

郭法奇.杜威与现代教育：几个基本问题的探讨［J］.教育研究，2014，35（01）：117-123.

顾明远.顾明远文集（第一卷）［C］.北京：北京师范大学出版社，2018.

顾明远.教育大辞典［M］.上海：上海教育出版社，1990.

顾明远.试论教育现代化的基本特征［J］.教育研究，2012，33（9）：4-10+26.

顾明远.小班化教育究竟如何“化”［N］.中国教师报，2015-11-08（012）.

顾明远.中国教育的文化基础［M］.太原：山西教育出版社，2004.

顾明远.中国特色社会主义教育理论70年［J］.北京大学学报（哲学社会科学版），2019，56（4）：5-10.

国务院.关于鼓励社会力量兴办教育促进民办教育健康发展的若干意见［EB/OL］.（2017-1-18）［2019-9-17］. http://www.gov.cn/xinwen/2017-01/18/content_5160852.htm.

国务院.关于做好新时期教育对外开放工作的若干意见［EB/OL］.（2016-04-29）［2019-9-13］. http://www.gov.cn/home/2016-04/29/content_5069311.htm.

国务院.中华人民共和国中外合作办学条例［EB/OL］.（2003-2-19）［2019-9-14］. http://www.crs.jsj.edu.cn/news/index/2.

洪光磊.国际中学文凭课程［J］.外国教育资料，1994（5）：1-6.

胡兰.国际学校的教师专业发展研究——国际文凭组织的经验案例［D］.上海：华东师范大学，2009.

胡然.国际学校教师职业倦怠程度及影响因素研究——以成都市为例［D］.成都：电子科技大学，2017.

胡卫，谢锡美.民办教育促进法：现实与历史的双重选择［J］.教育发展研究，2003（2）：40-43.

黄文良.对国际学校及其学生特点的研究［J］.科技风，2009（7）：87-88.

黄晓玲.北京市基础教育阶段学生国际课程需求的调查分析［J］.教学与管理，2016（27）：22-25.

教育部.国家中长期教育改革和发展规划纲要（2010—2020年）［EB/OL］.（2010-7-29）［2019-9-13］. http://old.moe.gov.cn/publicfiles/business/htmlfiles/moe/info_list/201407/xxgk_171904.html.

教育部.国务院关于《中国教育改革和发展纲要》的实施意见［EB/OL］.（1994-7-3）［2019-9-12］. http://old.moe.gov.cn//publicfiles/business/htmlfiles/moe/moe_177/200407/2483.html.

教育部.教育部办公厅关于启用教材局和基础教育司发文代字及新印章的通知［EB/OL］.2017-3-31. http://www.moe.gov.cn/srcsite/A01/s7048/201704/t20170414_302584.html.2019-9-17.

教育部.营利性民办学校监督管理实施细则［EB/OL］.（2017-1-5）［2019-9-17］. http://www.moe.gov.cn/srcsite/A03/s3014/201701/t20170118_295144.html.

教育部.中国教育现代化2035［EB/OL］.（2019-2-23）［2019-9-15］. http://www.moe.gov.cn/jyb_xwfb/s6052/moe_838/201902/t20190223_370857.html.

教育部，中共中央国务院关于深化教育教学改革全面提高义务教育质量的意见［EB/OL］.（2019-6-23）［2019-9-12］. http://www.moe.gov.cn/jyb_xxgk/moe_1777/moe_1778/201907/t20190708_389416.html.

教育部.中华人民共和国民办教育促进法［EB/OL］.（2016-11-7）［2019-9-17］. http://www.moe.gov.cn/s78/A02/zfs__left/s5911/moe_619/201805/t20180508_335337.html.

姜英敏.东亚国际理解教育的价值冲突探析［J］.比较教育研究，2007（5）：53-58.

姜英敏，于帆.日本"全球公民教育"模式的理论分析［J］.比较教育研究，2013，35（12）：72-77.

金赟.国际学校的发展及其对国内学校的影响和启示［D］.苏州：苏州大学，2010.

阙明坤，王华，王慧英.改革开放40年我国民办教育发展历程与展望［J］.中国教育学刊，2019（1）：29-36.
李家豪，林洛颖，钟彩凤.课程研究：百年审视与未来想象——第十六届上海国际课程论坛综述［J］.上海课程教学研究，2019（3）：12-16+80.
李继星，姚黎明.国际文凭组织和国际文凭概述［J］.外国中小学教育，1998（6）：37-38.
刘世清，陶媛，周恋琦.普通高中国际课程的发展困境与政策取向［J］.教育发展研究，2014，33（6）：30-34.
马健生，李洋.为每个学生提供适合的教育：何以不可能或何以可能——基于课程的教育功能的分析［J］.北京师范大学学报（社会科学版），2016（6）：22-31.
孟秀丽.美国国际学校教师激励方式研究——以北京协力国际学校为例［D］.北京：首都师范大学，2007.
阎凤桥."铁笼"是如何建造的?——国际学校认证制度在中国建立过程的案例分析［J］.北京大学教育评论，2007（1）：25-41.
倪永凯.SIS国际学校的教师招聘体系研究［D］.上海：上海交通大学，2012.
全国人大常务委员会.中华人民共和国民办教育促进法［EB/OL］.（2003-9-1）［2019-9-15］. http://zjshzz.zjsmzj.gov.cn/info1/infocontent/32329/4397.html.
全国人民代表大会，中华人民共和国宪法［EB/OL］.（2018-03-22）［2019-10-3］. http://www.npc.gov.cn/npc/c505/201803/e87e5cd7c1ce46ef866f4ec8e2d709ea.shtml.
全国十二所重点师范大学.教育学基础（第三版）［M］.北京：教育科学出版社，2014.
冉小玉.国际学校学生自主学习能力培养的实证研究［D］.重庆：重庆师范大学，2011.
上海市教育委员会.2018年上海市教育委员会工作要点［EB/OL］.（2018-2-2）［2019-10-10］. http://edu.sh.gov.cn/web/xxgk/rows_content_view.html?article_code=304202018001.
上海市教育委员会.2019年上海市教育委员会工作要点［EB/OL］.（2019-4-15）［2019-10-10］. http://www.ict.edu.cn/news/yaodian/n20190415_57924.shtml.
上海市教育委员会.关于开展普通高中国际课程试点工作的通知［EB/OL］.（2013-5-10）［2019-10-10］. http://edu.sh.gov.cn/web/xxgk/rows_content_view.html?article_code=402162013002.
沈伟，杨苗苗.全球化背景下教育政策的本土演绎：倡议联盟的视角——基于美国国际文凭课程发展的思考［J］.教育发展研究，2017，37（Z2）：31-37.
石之瑜.社会科学知识新论［M］.北京：北京大学出版社，2005.
滕珺.重新认识国际学校之"国际"［N］.中国教育报，2019-04-18（08）.
滕珺，杜晓燕.经合组织《PISA全球胜任力框架》述评［J］.外国教育研究，

2018，45（12）：100–111.
滕珺，胡佳怡，李敏.国际课程在中国：发展现状、认知维度及价值分析［J］.比较教育研究，2016，38（12）：54–60.
滕珺.培养学生“全球胜任力”，怎么看?怎么办?［J］.上海教育，2016（29）：48–51.
滕珺，张婷婷，胡佳怡.培养学生的“全球胜任力”——美国国际教育的政策变迁与理念转化［J］.教育研究，2018，39（1）：142–147+158.
泰勒.课程与教学的基本原理［M］.罗康，张阅，译.北京：中国轻工业出版社，2014.
唐盛昌，李英.高中国际课程的实践与研究/总论卷［M］.上海：上海教育出版社，2011.
王涛.“二战”后的国际教育——教育国际化的发展与未来［J］.外国教育研究，2009，36（1）：40–45.
王熙，陈晓晓.国际教育的全球化陷阱［J］.教育学报，2015，11（5）：19–26.
汪信砚.全球化中的价值认同与价值观冲突［J］.哲学研究，2002（11）：22–26.
王媛.冷战与美国国际教育政策的演变［J］.东北师大学报（哲学社会科学版），2012（6）：94–97.
翁燕文.全球化背景下的国际高中课程述评——以IB课程、AP课程为例［J］.宁波教育学院学报，2008（4）：30–33.
王振民.国际教育之今日发展［J］.世界教育信息，2014：16–24.
徐辉.比较教育的新进展：国际教育初探［M］.成都：四川教育出版社，2005.
新华社.习近平出席全国教育大会并发表重要讲话［EB/OL］.（2018–9–10）［2019–9–15］. http://www.gov.cn/xinwen/2018-09/10/content_5320835.htm.
新华网.教育部要求在2017年春季教材中全面落实“14年”抗战概念［EB/OL］.（2017–1–11）［2019–9–17］. http://www.xinhuanet.com/yuqing/2017-01/11/c_129441409.htm.
习近平.决胜全面建成小康社会夺取新时代中国特色社会主义伟大胜利［C］.北京：人民出版社，2017.
徐鹏.IB国际课程研究［D］.上海：上海师范大学，2015.
徐鹏，夏惠贤，陈法宝.IB国际课程——理念与行动［J］.外国中小学教育，2015（2）：54–58.
徐士强，高光.普通高中面向境内学生开设国际课程的现状、问题与建议——以上海为例［J］.教育发展研究，2012，32（6）：11–15.
许甜.从“乱”与“洁”看教育中的隔离与统整——伯恩斯坦视角下的国际学校课程与教育形态［J］.清华大学教育研究，2017，38（6）：89–97.
熊万曦.美国高中国际文凭课程发展研究［J］.比较教育研究，2015，37（3）：30–36.

新学说.2018年中国国际学校发展报告［R］.北京：新学说国际教育传媒，2018.
虞崇胜.制度改革与制度定型：改革开放40年后中国制度发展的双重合奏［J］.行政论坛，2019（5）：50–57.
杨明全.基础教育国际课程的认识误区与本土化抉择［J］.中国教育学刊，2018（1）：67–71.
袁振国.教育现代化的中国之路［J］.中国教育学刊，2018（6）：3.
张广财.国际文凭组织（IBO）中学项目的课程及其特征分析［D］.兰州：西北师范大学，2009.
张红.IB课程在中国［J］.天津市教科院学报，2014（1）：56–58.
张蓉."二战"后国际学校发展历程及当前面临主要问题分析［D］.福州：福建师范大学，2014，第39页。
赵健，吴伟，岩崎久美子.日本国际文凭（IB）教育的发展历程与政策选择［J］.外国教育研究，2018，45（11）：99–111.
郑永年.中国开放政策4.0版［N］.联合早报，2019–03–12.
中华人民共和国教育部.国家教育事业发展第十二个五年规划［Z］.北京：中华人民共和国教育部，2012.
中华人民共和国教育部.加快推进教育现代化实施方案（2018—2022年）［EB/OL］.（2019–02–23）［2019–10–6］. http://www.moe.gov.cn/jyb_xwfb/s6052/moe_838/201902/t20190223_370859.html.
中华人民共和国教育法1995年3月18日第八届全国人民代表大会第三次会议通过［J］.基础教育研究，1996（S1）.
钟启泉."学校知识"与课程标准［J］.教育研究，2000（11）：50–54+68.
钟周，张传杰.立足本地、参与全球：全球胜任力美国国家教育战略探析［J］.清华大学教育研究，2018，39（2）：60–68.
周满生.坚持改革开放推动基础教育的国际交流与合作［J］.世界教育信息，2018，31（24）：14.
朱茜.2018年国际学校发展现状分析，政策利好民办学校成主力［EB/OL］.（2018–8–13）［2019–9–15］. https://www.qianzhan.com/analyst/detail/220/180813-bdba322b.html.

（二）英文文献

Advanced Placement Policies-All State Profiles.Education Commission of the States. Retrieved August 16, 2015, from http://ecs. Force.com/mbdata/mbprofgroupall?Rep=APA.
BATES. *Schooling Internatonally: Globalisation, Internatinalization and the Future for*

International schools. London: Routledge, 2011.

BLAIR. Attracting More International Students. (Speech to London School of Econo mics launching Prime Minister's Initiative). London. 18 June. Retrieved August 11, 2013, from http://webarchive.nationalarchive s.gov.uk/200601 30194436/ http://number10.gov.uk/page3369.

BLANDFORD S, SHAW M. *Managing International schools*. London: Routledge Falmer, 2001.

CAMBRIDGE J, THOMPSON J. Internationalism, International-Mindedness, Multiculturalism and Globalisation as Concepts in Defining International Schools. Retrieved August 14, 2019, from http://staff.bath.ac.uk/edsjcc/intmindedness.html.

CAMBRIDGE. Global Product Branding and International Education. *Journal of Research in International Education*, 2002, 1(2).

CAMBRIDGE J, THOMPSON J. Internationalism and Globalization as Contexts for International Education. *Comparative Education*, 2004, 34(2).

CARBER S. What Will Characterize International Education in US Public Schools? *Journal of Research in International Education*, 2009, 8(1).

CHESWORTH N, DAWA A. *The Executive's Guide to International Schools*.London: Kogan Page, 2000.

DAVID H. The Changing Task Composition of the US Labor Market: An Update of Autor, Levy, and Murnane (2003). Retrieved November 27, 2015, from http://economics.mit.edu/files/9758.

DWAYNE C. The Discursive Framing of International Education Programs in British Columbia. *Canadian Journal of Educational Administration and Policy*, 2016. Every Student Succeeds Act.Retrieved October 4, 2019, from http://www.everystudentsucceedsact. Org.

GREG T. Report: Advanced opportunities for students uneven. *USA Today*, 2013-02-21.

HAYDEN M, THOMPSON J. International Schools and International Education: A Relationship Reviewed. *Oxford Review of Education*, 1995(3).

HAYDEN M. *Introduction to International Education: International Schools and their Communities*. London: Sage Publications, 2006.

HAYDEN M, THOMPSON J. International Education: Flying Flags or Raising Standards? *International Schools Journal*, 2000, 14(2).

HAYDEN M, THOMPSON J. *International Education: Principles and Practice*. London: Kogan Page, 1998.

HAYWOOD. The Alliance for International Education—Making Possible the Age of Influence. *International Schools Journal*, 2002, 2(2).

HILL I. The History of International Education: An International Baccalaureate Perspective. In M. Hayden, J. Thompson and G. Walker (eds.) . *International Education in Practice: Dimensions for National and International Schools*, 2002.

HILL I, ELLWOOD. Education beyond Frontiers: Early Signs of International Mindedness. *The International Schools Journal*, 2013, 32(2).

HILL. Evolution of Education for International Mindedness. *Journal of Research in International Education* , 2012, 11(3).

JOHANNA L. WATERS. International Education is Political! Exploring the Politics of International Student Mobilities. *Journal of International Students*, 2018, 8(3).

JOHN W. International Education, Values and Attitudes: A Critical Analysis of the International Baccalaureate (IB) Learner Profile. *Journal of Research in International Education*. 2011, (10)2.

KENWORTHY L. The Schools of the World and Education for a World Society. In C.O. Arndtand S. Everett (eds). *Education for a World Society*. New York: Harper and Brothers.1951.

Key findings from research on the impact of IB programmes in the Africa, Europe and Middle East Region.Retrieved December 9, 2014, from http://ibo.org/research/resources/documents/Research AEM-3web.pdf.

KNIGHT J, WIT. *Internationlisation of higher education in Asia Pacific countries*. Amsterdam: EAIE, 1997.

MANSILLA V B, ANTHONY J. *Educating for Global Competence: Preparing Our Youth to Engage the World*. New York: Asia Society. 2012.

MATTHEWS M. *The Ethos of International Schools*. Oxford: University of Oxford Press, 1988.

MURPHY E. *ESL: A Handbook for Teachers and Administrators in International Schools*. Clevedon: Multilingual Matters, 1990.

OECD. Preparing Teachers and Developing School Leaders for the 21st Century: Lessons from around the World. Retrieved October 20, 2019 from https://www.oecd-ilibrary.org/docserver/9789264174559-en.pdf?expires=1571759978&id=id&accname=guest&checksum=5140AF1276842EB280C19CA01653DE92.

PHILIP H, ALLAN W. A Study of Successful Practices in the IB Programme Continuum. Retrieved October 1, 2013, from http://www.ied.edu.hk/apclc/research_2.html.

QUIST. The Language of International Education: A Critique. *IB Reasearch Notes*, 2005, 5(1).

SANDRA D, JULIE E. International Schools as Sites of Social Change. *Journal of Research in International Education*, 2010, 9(1).

SANTOLI. Is This the Advantages of AP? *American Secondary Education*, 2008.

SYLVESTER R. Mapping International Education: A Historical Survey 1893–1944. *Journal of Research in International Education*, 2002, 1(1).

SYLVIE L. Soft Power as a Policy Rationale for International Education in the UK: A Critical Analysis. *Higher Education*, 2017.

TAN L, BIBBY Y. *Performance Comparison between IB School Students and Non-IB School Students on the International Schools' Assessment (ISA) and on the Social and Emotional Wellbeing Questionnaire.*

The Institute of International Education. Through the Decades. Retrieved December 30, 2019, from https://www. iie.org.

The International Baccalaureate Organization, Facts and Figures. Retrieved October 3, 2019, from https://www. ibo.org/about-the-ib/facts-and-figures/.

The International Baccalaureate Organization, Find an IB World School.Retrieved October 9, 2019, from https://www.ibo.org/programmes/find-an-ib-school/.

The International School of Geneva, Overview. Retrieved October 2, 2019, from https://www. ecolint.ch/overview/our-history.

TRISTAN B.The International Baccalaureate in England and Wales: The alternative paths for the future. *The Curriculum Journal*, 2008.

TRISTAN B. International Education and the 'Second Phase' : A Framework for Conceptualizing Its Nature and for the Future Assessment of Its Effectiveness. *Compare*, 2008, 38(4).

TRISTAN B. The International Education Industry: An Introductory Framework for Conc Eptualizing the Potential Scale of an 'Alliance' . *Journal of Research in International Education*, 2007, 6(3).

US Department of Education, International Education Programs Service-Fulbright-Hays Programs: The World is Our Classroom. Retrieved October 1, 2019, from https://www2.ed.gov/about/offices/list/ope/iegps/fulbright-hays.html.

US Department of Education. Succeeding Globally Through International Education and Engagement. Retrieved 0ctober 2, 2019, from https://www2.ed.gov/about/inits/ed/internationaled/international-strategy–2012–16.pdf.

WALKER G. To Educate the Nations: Reflections on an International Education. *Saxmundham: John Catt Educational Ltd*, 2002.

WARD I. The Fulbright Act. *Far Eastern Survey*, 1947, 16(17).

WIT. Changing Rationales for the Internationalization of Higher Education, 1999. Retrieved October 9, 2003, https://ejournals.bc.edu/index.php/ihe/article/view/6477/5700.

附录一　参与问卷调查的部分学校名单

（按首字音序排列）

蚌埠市吉的堡国际幼儿园

北大附中海口学校

北大附属嘉兴实验学校

北大新世纪邹城实验学校

北京明诚外国语学校

北京市朝阳区凯文学校

北京新学道临川学校国际部

贝斯特教育事业机构

长沙艾博剑桥国际高中

长沙玮希国际学校

成都菁芙蓉驿都学校

成都七中嘉祥外国语学校

成都七中万达学校

成都七中万达学校国际部

成都树德中学国际部

大连枫叶国际学校

大连英领国际学校

大庆一中剑桥国际中心

德英乐双语学校

佛山市北外附校三水外国语学校

赣州文清外国语学校

广东外语外贸大学附设大亚湾外国语学校

广东外语外贸大学附设佛山外国语学校

广外增城实验学校

广州市广外附设外语学校

广州市增城区凤凰城中英文学校

广州外国语学校

贵阳海嘉国际双语学校

贵阳市花溪碧桂园国际学校

贵阳一中普瑞国际学校

贵阳一中新世界国际学校

贵阳中天北京小学

海嘉国际双语学校

海亮外国语学校

海南力迈中美学校

杭州第四中学

杭州绿城育华学校

杭州育澜剑桥国际中心

合肥六中北美中心

合肥润安公学

河南建业小哈佛双语学校

济南市外海实验学校

江门市新会区广外附设外国语学校

江苏省靖江高级中学国际部

江苏省泰州中学

句容碧桂园学校

君诚国际双语学校

康桥国际学校

昆明三中国际部

昆明一中国际部

昆山华东台商子女学校

力迈中美国际学校

六力学校

美国法拉古特学校天津校区

绵阳东辰国际学校

宁波赫德实验学校

牛津国际公学成都学校

启明星双语学校

青苗国际双语学校昆明校区

清华附中国际学校

清澜山学校

融侨赛德伯学校

上海阿德科特学校

上海福山正达外国语学校

上海光华美高

上海宏润博源学校

上海诺科学校

上海市燎原双语学校

上海市民办平和学校

上海托马斯实验学校

上海协和双语高级中学

深圳龙华区万科双语学校

深圳曼彻斯通城堡学校

深圳瑞得福国际学校

深圳实验承翰学校

深圳市宝安区中英公学

深圳市博纳学校

石家庄外国语学校-国际课程中心

苏州北美国际高级中学

TCAPS华中师大海南附中特拉弗斯学校

太原盟诺国际学校

探月学院

天津惠灵顿外籍人员子女学校

桐乡耀华国际教育学校

威海常春藤国际学校

乌鲁木齐外国语学校第十二中学

武汉光谷剑桥国际高中（领科武汉）

武汉外国语学校美加分校

武汉为明学校

西安梁家滩国际学校

西咸新区空港枫叶国际学校

厦门英才学校国际高中

新华公学

讯得达国际书院

雅力英美学校武汉校区

银川一中国际部

云南长水外国语中学

增城誉德莱国际学校

中英枫禾联合学校

重庆巴蜀常春藤学校

重庆德普外国语学校

珠海国际学校

附录二　参与实地调研与访谈的学校名单

（按首字音序排列）

成都美视国际学校

重庆巴蜀常青藤学校

广州华美英语实验学校

广州市白云区中大附属外国语小学

广州市增城区凤凰城中英文学校

君诚国际双语学校

上海包玉刚实验学校

上海市民办平和学校

上海协和双语高级中学